キクタン

英検®2級

ワークブック

一杉武史 編著

アルク

Preface
英検2級最頻出の単語・熟語800を
6つのジャンルに分けて完全マスター！
「読む」「聞く」学習に、「書く」が加わって
ライティング力もしっかり身につきます！

長文問題3ジャンル、語句補充問題3ジャンル
計6ジャンルの単語・熟語が頻出順に登場！

本書は、英検2級最頻出の単語・熟語800を、50日間でマスターするための単語・熟語集です。英検2級の長文問題頻出ジャンルを「社会・文化」「科学・学問」「政治・経済」の3つ、語句補充問題頻出ジャンルを「思考・動作」「状況・性質」「程度・数量」の3つに分け、各ジャンルの単語・熟語を頻出順に身につけていきます。見出し語の選定にあたっては、過去12年間の英検本試験を完全分析していますので、本当に「よく出る」ものだけが選ばれています。

これからはライティング能力も必要不可欠！
「書く」学習でプラスαの英語力をマスター！

小学校での英語の教科化、大学入試での英語問題の変更——その狙いは、従来の「読む」「聞く」に加え、「話す」「書く」英語力の強化です。これからの時代は、インプット型の「読む」「聞く」力のほかに、アウトプット型の「話す」「書く」力も必要とされます。本書では、好評をいただいている『キクタン』シリーズの「読む」「聞く」学習に加え、「書く」学習も採り入れていますので、学習単語・熟語を「書いて使える」ことが可能になります。英検2級合格を目指して、一緒に頑張りましょう！

＊本書に登場する単語・熟語、フレーズ、センテンスは、『改訂版 キクタン英検®2級』（アルク刊）に掲載されているものが使われています。

Contents

1日16単語・熟語×50日で
英検2級に頻出する6ジャンルの
800単語・熟語をマスター！

Chapter 1

社会・文化

Page 10 ▶ 39

Chapter 2

科学・学問

Page 40 ▶ 69

Chapter 3

政治・経済

Page 70 ▸ 99

Chapter 4

思考・動作

Page 100 ▸ 149

Chapter 5
状況・性質
Page 150 ▸ 187

Chapter 6

程度・数量

Page 188 ▶ 221

記号説明

))) 001
ダウンロードした音声の「トラック 1 を呼び
出してください」という意味です。

名動形副熟
順に、名詞、動詞、形容詞、副詞、熟語を表し
ます。

本書の利用法

単語・熟語 → フレーズ → センテンスの順に
「読んで」→「書いて」→「聞いて」覚えるから
確実に身につく！

① 1日の学習範囲の前半の単語・熟語を
「読んで」チェックします。

② 次に、見出し語横の破線部の上に単語・熟語を「書き」、フレーズの空所部を「埋め」ます。

③ 該当のトラックを呼び出して、単語・熟語・フレーズを「聞き」ます。

④ 前ページの単語・熟語を含むセンテンスの空所を「埋め」ます。センテンスは見出し順ではなく、シャッフルされています。

⑤ 解答を確認します。各解答の後の数字は見出し番号を表します。

⑥ 該当のトラックを呼び出して、センテンスを「聞き」ます。

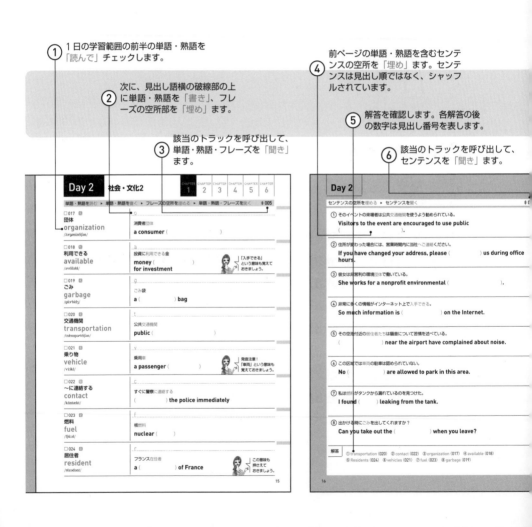

音声のダウンロード方法

本書の音声は、以下のウェブサイトからダウンロードしてください。

アルク・ダウンロードセンター **https://www.alc.co.jp/dl/**

＊ダウンロードセンターで本書を探す際には、商品コード（7020015）を利用すると便利です。
＊音声をスマートフォンに直接ダウンロードして再生できるアプリ「語学のオトモ ALCO」についてもご案内しています。
＊本サービスの内容は、予告なく変更する場合がございます。あらかじめご了承ください。

⑦ 1日の後半の学習は、前半と同じ手順で進めます。

赤シート
見出し語が隠せるようになっています。
見出し語部に乗せ、単語・熟語の定着
度の確認用に使用してください。

Day 2 社会・文化2

CHAPTER 1 2 3 4 5 6

単語・熟語を読む ▶ 単語・熟語を聞く ▶ フレーズの空所を埋める ▶ 単語・熟語・フレーズを聞く ♪ 007

25	田舎に住む
	live in the ( )
26	映画監督
	a film ( )
27	航空機の乗客 アクセント注意！ 複数形が入ります。
	airline ( )
28	責任感 アクセント注意！
	a sense of ( )
29	自分の車を彼女に貸す
貸す	( ) my car to her
30	アマチュア写真家 アクセント注意！
アマチュアの	an ( ) photographer
31	犯罪防止
	( ) prevention
32	リストラ計画を発表する
を発表する announce	( ) restructuring plans

17

Day 2

センテンスの空所を埋める ▶ センテンスを聞く ♪ 008

① 彼は退職後、田舎に引っ越した。
He moved to the ( ) after his retirement.

② あなたは自分の行動の全責任を取らなければならない。
You must take full ( ) for your actions.

③ 彼は 45 歳まではアマチュアのゴルファーだった。
He was an ( ) golfer until the age of 45.

④ その列車は乗客でいっぱいだった。
The train was full of ( ).

⑤ その映画の監督は誰ですか？
Who is the ( ) of the movie?

⑥ その知事は近いうちに辞任することを発表した。
The governor ( ) that he would resign soon.

⑦ その地域の犯罪率は非常に高い。
The ( ) rate in the area is extremely high.

⑧ いくらかお金を私に貸してくれませんか？
Could you ( ) me some money?

解答　①countryside (025)　②responsibility (028)　③amateur (030)　④passengers (027)
⑤director (026)　⑥announced (032)　⑦crime (031)　⑧lend (029)

16

CHAPTER

1

社会・文化

Chapter 1では、英検2級の「社会・文化」関連の長文問題で頻出の単語・熟語112をマスターしていきます。しっかり「書いて聞く」学習を忘れずに！ では、早速Day 1からスタート！

単語・熟語を読む ▶ 単語・熟語を書く ▶ フレーズの空所を埋める ▶ 単語・熟語・フレーズを聞く　》001

□ 001 图
慈善団体
charity
/tʃǽrəti/

c
2000 ドルを地元の慈善団体に寄付する
donate $2,000 to a local (　　　)

□ 002 图
品目
item
/áitəm/

i
メニューの品目
(　　　) on the menu
複数形が入ります。

□ 003 图
書類
document
/dákjumənt/

d
~に書類を提出する
submit (　　　　　) to ~
発音注意！
複数形が入ります。
「文書」という意味も覚えておきましょう。

□ 004 图
交通(量)
traffic
/trǽfik/

t
交通渋滞
a (　　　) jam

□ 005 形
伝統的な
traditional
/trədíʃənl/

t
伝統衣装
(　　　　) dress

□ 006 動
~を借りる
borrow
/bárou/

b
その銀行からいくらかお金を借りる
(　　　) some money from the bank

□ 007 图
電気
electricity
/ilektrísəti/

e
静電気
static (　　　)
アクセント注意！

□ 008 图
用紙
form
/fɔ́:rm/

f
用紙に必要事項を記入する
fill out a (　　　)

Day 1

① 極秘文書が事務所から盗まれた。

Confidential (　　　　　　　　　　　) **were stolen from the office.**

② パエリアはスペインの伝統料理だ。

Paella is a (　　　　　　　　) **Spanish dish.**

③ その店には安い商品がたくさんある。

There are many inexpensive (　　　　　) **at the store.**

④ あなたの傘を借りてもいいですか？

Can I (　　　　　　) **your umbrella?**

⑤ 以下の住所に申込用紙をお送りください。

Please send your application (　　　　　) **to the address below.**

⑥ その慈善団体はホームレスの人々に住宅を供給するために設立された。

The (　　　　　　　) **was established to provide housing for homeless people.**

⑦ 暴風雨のため電気が止まった。

The (　　　　　　　　) **went out due to a storm.**

⑧ この通りは特に朝の交通量が非常に多い。

(　　　　　　　) **is very heavy on this road, especially in the morning.**

解答　① documents (003)　② traditional (005)　③ items (002)　④ borrow (006)　⑤ form (008)
　　　　⑥ charity (001)　⑦ electricity (007)　⑧ Traffic (004)

単語・熟語を読む ▶ 単語・熟語を書く ▶ フレーズの空所を埋める ▶ 単語・熟語・フレーズを聞く　》》003

□ 009 形
地元の
local
/lóukəl/

l

地元のラジオ局
a (　　　) radio station

□ 010 名
近所
neighborhood
/néibərhùd/

n

〜の近所に
in the (　　　　　　) of 〜

□ 011 名
著者
author
/ɔ́ːθər/

a

その絵本の著者
the (　　　) of the picture book

□ 012 名
衣料品
clothing
/klóuðiŋ/

c

衣料品1点
an item of (　　　)

発音注意！

□ 013 名
要素
factor
/fǽktər/

f

〜の重大な要素
a crucial (　　　) in 〜

「要因」という意味も覚えておきましょう。

□ 014 動
〜を授与する
award
/əwɔ́ːrd/

a

彼に賞を授与する
(　　　) a prize to him

□ 015 動
〜を達成する
achieve
/ətʃíːv/

a

目標を達成する
(　　　) one's aim

□ 016 熟
〜に参加する
take part in

t

ボランティア活動に参加する
(　　) (　　　) (　) volunteer activities

Day 1

センテンスの空所を埋める ▸ センテンスを聞く　　)) 004

① 彼は市長になるという念願を達成した。

He (　　　　　　) his ambition of becoming mayor.

② 第 1 回ノーベル平和賞はジャン・アンリ・デュナンに授与された。

The first Nobel Prize for Peace was (　　　　　　) to Jean Henri Dunant.

③ 彼は建築に関する数冊の本の著者だ。

He is the (　　　　　　) of several books on architecture.

④ 100 人を超える科学者たちがその会議に参加した。

More than 100 scientists (　　　) (　　　) (　) the conference.

⑤ 私は衣料品店に勤めている。

I work at a (　　　　　　) store.

⑥ 彼は地元の高校を卒業した。

He graduated from a (　　　　) high school.

⑦ 最近の犯罪の増加は主に経済的要因によるものだ。

The recent increase in crime is mainly due to economic (　　　　　).

⑧ 私の家の近所には店がたくさんある。

There are lots of stores in my (　　　　　　　　).

解答

① achieved (015)　② awarded (014)　③ author (011)　④ took part in (016)　⑤ clothing (012)　⑥ local (009)　⑦ factors (013)　⑧ neighborhood (010)

Day 2　社会・文化2

単語・熟語を読む ▶ 単語・熟語を書く ▶ フレーズの空所を埋める ▶ 単語・熟語・フレーズを聞く　》005

□ 017 名
団体
organization
/ɔ̀:rɡənizéiʃən/

o
消費者団体
a consumer (　　　　　　　　)

□ 018 形
利用できる
available
/əvéiləbl/

a
投資に利用できる金
money (　　　　)
for investment

「入手できる」という意味も覚えておきましょう。

□ 019 名
ごみ
garbage
/ɡɑ́:rbidʒ/

g
ごみ袋
a (　　　　　) bag

□ 020 名
交通機関
transportation
/trænspərtéiʃən/

t
公共交通機関
public (　　　　　　　　)

□ 021 名
乗り物
vehicle
/ví:ikl/

v
乗用車
a passenger (　　　　)

発音注意！「車両」という意味も覚えておきましょう。

□ 022 動
〜に連絡する
contact
/kántækt/

c
すぐに警察に連絡する
(　　　　　　) the police immediately

□ 023 名
燃料
fuel
/fjú:əl/

f
核燃料
nuclear (　　　)

□ 024 名
居住者
resident
/rézədənt/

r
フランス在住者
a (　　　　　　) of France

この意味も押さえておきましょう。

15

センテンスの空所を埋める ▶ センテンスを聞く　　　　　　　　　　　　　　　　　　　))) 006

① そのイベントの来場者は公共交通機関を使うよう勧められている。

Visitors to the event are encouraged to use public
(　　　　　　　　　　　　　　　).

② 住所が変わった場合には、営業時間内に当社へご連絡ください。

If you have changed your address, please (　　　　　　) **us during office hours.**

③ 彼女は非営利の環境団体で働いている。

She works for a nonprofit environmental (　　　　　　　　　　).

④ 非常に多くの情報がインターネット上で入手できる。

So much information is (　　　　　　) **on the Internet.**

⑤ その空港付近の居住者たちは騒音について苦情を述べている。

(　　　　　　　　) **near the airport have complained about noise.**

⑥ この区域では車両の駐車は認められていない。

No (　　　　　　) **are allowed to park in this area.**

⑦ 私は燃料がタンクから漏れているのを見つけた。

I found (　　　) **leaking from the tank.**

⑧ 出かける時にごみを出してくれますか？

Can you take out the (　　　　　　) **when you leave?**

解答
① transportation (020)　② contact (022)　③ organization (017)　④ available (018)
⑤ Residents (024)　⑥ vehicles (021)　⑦ fuel (023)　⑧ garbage (019)

単語・熟語を読む ▶ 単語・熟語を書く ▶ フレーズの空所を埋める ▶ 単語・熟語・フレーズを聞く))) 007

□ 025 名
田舎
countryside
/kʌ́ntrisàid/

c

田舎に住む
live in the ( )

□ 026 名
監督
director
/diréktər/

d

映画監督
a film ( )

□ 027 名
乗客
passenger
/pǽsəndʒər/

p

航空機の乗客
airline ( )

アクセント注意！
複数形が入ります。

□ 028 名
責任
responsibility
/rispànsəbíləti/

r

責任感
a sense of ( )

アクセント注意！

□ 029 動
〜を貸す
lend
/lénd/

l

自分の車を彼女に貸す
( ) **my car to her**

□ 030 形
アマチュアの
amateur
/ǽmətʃùər/

a

アマチュア写真家
an ( ) **photographer**

アクセント注意！

□ 031 名
犯罪
crime
/kráim/

c

犯罪防止
( ) **prevention**

□ 032 動
〜を発表する
announce
/ənáuns/

a

リストラ計画を発表する
( ) **restructuring plans**

Day 2

① 彼は退職後、田舎に引っ越した。

He moved to the ( ) after his retirement.

② あなたは自分の行動の全責任を取らなければならない。

You must take full ( ) for your actions.

③ 彼は 45 歳まではアマチュアのゴルファーだった。

He was an ( ) golfer until the age of 45.

④ その列車は乗客でいっぱいだった。

The train was full of ( ).

⑤ その映画の監督は誰ですか？

Who is the ( ) of the movie?

⑥ その知事は近いうちに辞任することを発表した。

The governor ( ) that he would resign soon.

⑦ この地域の犯罪率は非常に高い。

The ( ) rate in this area is extremely high.

⑧ いくらかお金を私に貸してくれませんか？

Could you ( ) me some money?

解答 | ① countryside (025) ② responsibility (028) ③ amateur (030) ④ passengers (027)
⑤ director (026) ⑥ announced (032) ⑦ crime (031) ⑧ lend (029)

単語・熟語を読む ▶ 単語・熟語を書く ▶ フレーズの空所を埋める ▶ 単語・熟語・フレーズを聞く 》009

□ 033 動
〜を導入する
introduce
/ìntrədjúːs/

i
新しい規則を導入する
(　　　　　　　　) **new rules**

□ 034 熟
〜に参加する
participate in

p
その行事に参加する
(　　　　　　　　) (　　) **the event**

□ 035 名
記事
article
/áːrtikl/

a
世界経済についての記事
an (　　　　　　) **on the world economy**

□ 036 名
参加者
participant
/pɑːrtísəpənt/

p
そのイベントの参加者
(　　　　　　　　) **in the event**

複数形が
入ります。

□ 037 熟
〜を借り出す
check out

c
図書館から CD を借りる
(　　　　) (　　　　) **a CD from a library**

□ 038 名
発表
announcement
/ənáunsmənt/

a
発表する
make an (　　　　　　　　)

□ 039 名
食事
diet
/dáiət/

d
バランスの取れた食事
a balanced (　　　　)

□ 040 名
目的地
destination
/dèstənéiʃən/

d
目的地に到着する
arrive at one's
(　　　　　　)

tourist destination
なら「観光地」と
なります。

Day 3

① 京都は日本で最も人気のある観光地の1つだ。

Kyoto is one of the most popular tourist (　　　　　　　 **) in Japan.**

② その発表は5カ国語に翻訳された。

The (　　　　　　 **) was translated into five languages.**

③ 記事のタイトルはできるだけ短くあるべきだ。

Titles of (　　　 **) should be as short as possible.**

④ そのハーフマラソンの参加者は全員Tシャツがもらえる。

All (　　　　 **) in the half marathon will receive a T-shirt.**

⑤ 200を超える国と地域が2008年の北京オリンピックに参加した。

More than 200 countries and territories (　　　　 **) (** 　 **) the 2008 Beijing Olympics.**

⑥ 1回に10冊まで本を借りることができる。

You can (　　 **) (** 　 **) up to 10 books at a time.**

⑦ 健康によい食事を取ることが非常に大切だ。

It is very important to have a healthy (　 **).**

⑧ 消費税は1989年に日本で導入された。

Consumption tax was (　　　　 **) in Japan in 1989.**

解答 ① destinations (040)　② announcement (038)　③ articles (035)　④ participants (036)
⑤ participated in (034)　⑥ check out (037)　⑦ diet (039)　⑧ introduced (033)

単語・熟語を読む ▶ 単語・熟語を書く ▶ フレーズの空所を埋める ▶ 単語・熟語・フレーズを聞く ⟫011

□ 041　名
美術館
gallery
/gǽləri/

g
その美術館の入場料
an entrance fee to the (　　　　　　)

□ 042　熟
〜に参加している
be involved in

be i
慈善活動に参加している
be (　　　　　　)(　　) charity work

□ 043　名
施設
facility
/fəsíləti/

f
スポーツ施設
a sports (　　　　　)

□ 044　動
〜を禁止する
ban
/bǽn/

b
違法薬物を禁止する
(　　　　) illegal drugs

□ 045　動
〜に反対する
oppose
/əpóuz/

o
彼の考えに反対する
(　　　　　　) his idea

□ 046　名
一般の人々
public
/pʌ́blik/

p
一般に公開されている
be open to the (　　　　　)

「大衆」という意味も覚えておきましょう。

□ 047　名
親戚
relative
/rélətiv/

r
近い親戚
a close (　　　　　)

□ 048　動
〜を修復する
restore
/ristɔ́:r/

r
古い家具を修復する
(　　　　　) old furniture

センテンスの空所を埋める ▶ センテンスを聞く 》012

① 地元住民のほとんどはそのダムの建設に反対している。

Most of the local residents are (　　　　　　　) the construction of the dam.

② 10 を超える企業がその建設プロジェクトに参加している。

More than 10 companies are (　　　　　　) (　　) the construction project.

③ その寺は昨年、修復された。

The temple was (　　　　　　) last year.

④ アンの親戚の何人かが彼女の結婚式に出席した。

Some of Anne's (　　　　　　) attended her wedding.

⑤ バーでの喫煙は多くの主要都市で禁止されている。

Smoking in bars is (　　　　　) in many major cities.

⑥ その大学には優れた研究施設がある。

The university has excellent research (　　　　　).

⑦ その美術館はルネサンス期の傑作のコレクションで知られている。

The (　　　　　) is known for its collection of Renaissance masterpieces.

⑧ 大衆は知る権利を持っている。

The (　　　　　) has a right to know.

解答　① opposing (045)　② involved in (042)　③ restored (048)　④ relatives (047)　⑤ banned (044)
⑥ facilities (043)　⑦ gallery (041)　⑧ public (046)

単語・熟語を読む ▶ 単語・熟語を書く ▶ フレーズの空所を埋める ▶ 単語・熟語・フレーズを聞く ») 013

□ 049 熟
行われる
take place

t_____

年に2度行われる
(　　　　) (　　　　　　　) biannually

「開催される」という意味も押さえておきましょう。

□ 050 名
慣習
custom
/kʌ́stəm/

c_____

〜する慣習がある
It is the (　　　　　　) that 〜.

□ 051 名
材料
ingredient
/ɪngríːdiənt/

i_____

その料理の材料
(　　　　　　　) of the food

複数形が入ります。

□ 052 名
安全
security
/sɪkjúərəti/

s_____

安全対策
(　　　　　　　) measures

□ 053 形
農村の
rural
/rúərəl/

r_____

農村地域
(　　　　　) areas

□ 054 熟
〜を育てる
bring up

b_____

子どもを育てる
(　　　　) (　　　) a child

□ 055 名
市民
citizen
/sítəzən/

c_____

高齢者
a senior (　　　　　　)

「高齢の市民」からこの意味になります。

□ 056 名
災害
disaster
/dɪzǽstər/

d_____

自然災害
a natural (　　　　　　)

Day 4

① 私たちは地元の慣習に従ったほうがいい。

We should follow the local (　　　　　　　).

② そのレストランは新鮮で健康的な材料で有名だ。

The restaurant is famous for its fresh and healthy (　　　　　　　).

③ オリンピックは 4 年に 1 度開催される。

The Olympics (　　　　) (　　　　　　) **every four years.**

④ 日本では、農村人口は減り続けている。

In Japan, the (　　　　　) **population has been decreasing.**

⑤ 安全性を高めるために監視カメラが設置された。

Surveillance cameras were installed to improve (　　　　　　).

⑥ ハリケーン・カトリーナは米国史で最も損失の大きい自然災害の 1 つだった。

Hurricane Katrina was one of the most costly natural (　　　　　　) **in US history.**

⑦ 親たちには子どもたちを善良な市民になるよう教育する責任がある。

Parents are responsible for educating children to become good (　　　　　　).

⑧ 彼は大家族の中で育った。

He was (　　　　　　) (　　　) **in a large family.**

解答 ① customs (050)　② ingredients (051)　③ take place (049)　④ rural (053)　⑤ security (052)
⑥ disasters (056)　⑦ citizens (055)　⑧ brought up (054)

Day 4　社会・文化4

単語・熟語を読む ▶ 単語・熟語を書く ▶ フレーズの空所を埋める ▶ 単語・熟語・フレーズを聞く　》015

□ 057 動
〜を設立する
establish
/istǽbliʃ/

e
病院を設立する
(　　　　　　) **a hospital**

□ 058 名
評論家
critic
/krítik/

c
文芸評論家
a literary (　　　　)

□ 059 熟
〜を招き入れる
bring in

b
新しいコーチを招き入れる
(　　　　)(　　) **a new coach**

□ 060 熟
〜についていく
keep up with

k
流行についていく
(　　　)(　　)(　　　　) **fashion**

□ 061 熟
A を B に翻訳する
translate A into B

t
日本語を中国語に翻訳する
(　　　　　) **Japanese** (　　　) **Chinese**

□ 062 名
利用する権利
access
/ǽkses/

a
〜を利用できる
have (　　　　) **to 〜**

「利用する権利を持っている」からこの意味になります。

□ 063 形
典型的な
typical
/típikəl/

t
典型例
a (　　　　) **example**

発音注意！

□ 064 動
〜を監視する
monitor
/mάnətər/

m
2 国間の国境を監視する
(　　　　　) **the border between two countries**

センテンスの空所を埋める ▶ センテンスを聞く　　　　　　　　　　　　》016

① ごくわずかの従業員だけが顧客情報を利用することができる。

Only a few employees have (　　　　　) to customer information.

② 彼はその会社の相談役として招き入れられた。

He was (　　　　　) (　　) as a consultant for the company.

③ 彼の最初の小説は多くの評論家たちの好評を博した。

His first novel was well-received by many (　　　　).

④ その地域は防犯カメラで監視されている。

The area is (　　　　　　　) by security cameras.

⑤ その小説は 20 カ国語以上に翻訳されている。

The novel is (　　　　　) (　　　) more than 20 languages.

⑥ 彼女は毎朝、時事問題についていくために新聞を読む。

**Every morning she reads the newspaper to (　　　) (　　) (　　　)
current events.**

⑦ 天気はこの時期に典型的なものだった。

The weather was (　　　　) for this time of the year.

⑧ ハーバード大学は 1636 年に設立された。

Harvard University was (　　　　　　　　) in 1636.

解答　① access (062)　② brought in (059)　③ critics (058)　④ monitored (064)
　　　⑤ translated into (061)　⑥ keep up with (060)　⑦ typical (063)　⑧ established (057)

Day 5 社会・文化5

単語・熟語を読む ▶ 単語・熟語を書く ▶ フレーズの空所を埋める ▶ 単語・熟語・フレーズを聞く 》017

□ 065 熟
〜の世話をする
care for

c

年老いた母親の世話をする
(   )(   ) one's elderly mother

□ 066 熟
〜を廃止する
do away with

d

死刑を廃止する
(   )(   )(   ) the death penalty

□ 067 熟
死ぬ
pass away

p

肺がんで死ぬ
(   )(   ) from lung cancer

「亡くなる」という意味も覚えておきましょう。

□ 068 熟
〜を利用する
take advantage of

t

公共施設を利用する
(   )(   )(   ) public facilities

□ 069 名
世帯
household
/háushòuld/

h

共働き世帯
a two-income (   )

□ 070 名
人気
popularity
/pὰpjulǽrəti/

p

ハイブリッドカーの人気
the (   ) of hybrid cars

□ 071 動
〜を展示する
display
/displéi/

d

商品を陳列する
(   ) goods

アクセント注意！この意味も押さえておきましょう。

□ 072 動
〜を獲得する
obtain
/əbtéin/

o

新しい技術を獲得する
(   ) new skills

「〜を手に入れる」という意味も覚えておきましょう。

Day 5

① 多くの企業は製品を宣伝するためにインターネットを利用している。

Many companies (　　　　) (　　　　　　　　　　) (　　) the Internet to promote their products.

② 奴隷制度は米国では 1865 年に廃止された。

Slavery was (　　　　) (　　　　) (　　　　　) in 1865 in the US.

③ 絵画が壁に展示されている。

Paintings are (　　　　　　　　　) on the wall.

④ 有機栽培食品の人気が高まっている。

The (　　　　　　　　　) of organic food is growing.

⑤ 彼はその情報を匿名の情報源から入手した。

He (　　　　　　　) the information through anonymous sources.

⑥ その子どもは親戚に世話してもらっている。

The child is being (　　　　) (　　) by a relative.

⑦ 平均的な世帯は年間約 6 万ドルの収入がある。

The average (　　　　　　　　) earns about $60,000 per year.

⑧ 私の親友が亡くなってから 2 年以上になる。

It has been over two years since my best friend (　　　　　) (　　　　).

解答　① take advantage of (068)　② done away with (066)　③ displayed (071)　④ popularity (070)
　　　⑤ obtained (072)　⑥ cared for (065)　⑦ household (069)　⑧ passed away (067)

単語・熟語を読む ▶ 単語・熟語を書く ▶ フレーズの空所を埋める ▶ 単語・熟語・フレーズを聞く 　🔊 019

□ 073 　動
〜を反映する
reflect
/riflékt/

r

世論を反映する
(　　　　　　　) a consensus

□ 074 　熟
A を B の理由で訴える
accuse A of B

a

彼を強盗のかどで訴える
(　　　　　　) him (　　) robbery

□ 075 　熟
A を B に適用する
apply A to B

a

その理論を現実的な問題に適用する
(　　　　　) the theory (　　) practical problems

□ 076 　熟
A を B にささげる
dedicate A to B

d

〜に一生をささげる
(　　　　　　) oneself (　　) 〜

□ 077 　熟
措置を取る
take action

t

その問題を処理するための措置を取る
(　　　) (　　　　　　) to deal with the problem

□ 078 　名
幼年時代
childhood
/tʃáildhùd/

c

幼年時代の思い出
one's (　　　　　　　　) memories

□ 079 　名
裁判所
court
/kɔ́ːrt/

c

最高裁判所
the Supreme (　　　　)

発音注意！
固有名詞なので
大文字で始まります。

□ 080 　名
指紋
fingerprint
/fíŋgərprìnt/

f

彼の指紋を採る
take his (　　　　　　)

複数形が入ります。

Day 5

① 容疑者の指紋が被害者の家で見つかった。

The suspect's ( ) were found in the victim's house.

② トムと私は幼いころからの友人だ。

Tom and I have been friends since ( ).

③ その男は窃盗の容疑で訴えられた。

The man was ( ) ( ) theft.

④ 法律はすべての人々に平等に適用されなければならない。

The law must be ( ) ( ) all people equally.

⑤ 私たちは地球温暖化を防ぐための措置を取らなければならない。

We must ( ) ( ) to prevent global warming.

⑥ マザー・テレサは一生を貧しい人々の救済にささげた。

Mother Teresa ( ) her life ( ) helping the poor.

⑦ 大勢の記者が裁判所の外に集まった。

A large number of reporters gathered outside the ( ).

⑧ 株価は会社の価値を反映する。

The stock price ( ) the value of the company.

解答　① fingerprints（080）　② childhood（078）　③ accused of（074）　④ applied to（075）
　　　⑤ take action（077）　⑥ dedicated, to（076）　⑦ court（079）　⑧ reflects（073）

Day 6　社会・文化6

CHAPTER 1 | CHAPTER 2 | CHAPTER 3 | CHAPTER 4 | CHAPTER 5 | CHAPTER 6

単語・熟語を読む ▶ 単語・熟語を書く ▶ フレーズの空所を埋める ▶ 単語・熟語・フレーズを聞く　)) 021

□ 081　名
創設
foundation
/faundéiʃən/

f
新しい大学の創設
the (　　　　　　) of a new university

「創立」という意味も覚えておきましょう。

□ 082　名
伝統
tradition
/trədíʃən/

t
伝統を破る
break with (　　　　　)

□ 083　動
～を祝う
celebrate
/séləbrèit/

c
彼女の誕生日を祝う
(　　　　　　) her birthday

□ 084　動
連絡を取り合う
communicate
/kəmjú:nəkèit/

c
手話を使って意思疎通する
(　　　　　　) using sign language

アクセント注意！この意味も押さえておきましょう。

□ 085　動
～を建設する
construct
/kənstrʌ́kt/

c
マンションを建設する
(　　　　　　) a condominium

□ 086　熟
出版される
come out

c
DVD で発売される
(　　　) (　　　) on DVD

CD などについてはこの意味になります。

□ 087　熟
～を休暇として取る
take off

t
休みを 1 日取る
(　　　) a day (　　　)

□ 088　熟
A に B について知らせる
inform A of B

i
警察にその事件について知らせる
(　　　　　) the police (　　) the incident

31

Day 6

① 先週、私たちは学校の創立記念日を祝った。

Last week, we celebrated our school's (　　　　　　　) day.

② 新年を祝うために数千人が集まった。

Thousands of people gathered to (　　　　　　) New Year.

③ この村の高齢者たちは地元の伝統を守っている。

The old people in this village keep the local (　　　　　).

④ 彼女の新しい小説が先週、出版された。

Her new novel (　　　　) (　　　) last week.

⑤ 私は8月の初旬に1週間の休暇を取った。

I (　　　) a week (　　) in early August.

⑥ そのダムの建設には10年がかかった。

It took 10 years to (　　　　　　) the dam.

⑦ 住所、メールアドレス、または連絡先の電話番号に変更があった場合は私たちにお知らせください。

Please keep us (　　　　　　) (　　) any change of address, e-mail address, or contact numbers.

⑧ 私は電子メールで彼女と頻繁に連絡を取り合っている。

I (　　　　　　　) with her by e-mail frequently.

解答 | ① foundation (081)　② celebrate (083)　③ traditions (082)　④ came out (086)　⑤ took, off (087)
⑥ construct (085)　⑦ informed of (088)　⑧ communicate (084)

単語・熟語を読む ▸ 単語・熟語を書く ▸ フレーズの空所を埋める ▸ 単語・熟語・フレーズを聞く 》023

□089 名
知人
acquaintance
/əkwéintəns/

a

共通の知人
a mutual (　　　　　　　　　)

□090 名
目標
aim
/éim/

a

人生の主要な目標
one's main (　　　　) **in life**

□091 名
材木
timber
/tímbər/

t

製材所
a (　　　　　　) **mill**

「材木工場」から
この意味に
なります。

□092 名
展覧会
exhibition
/èksəbíʃən/

e

万国博覧会
an international (　　　　　　　　)

発音注意！

□093 名
問題
issue
/íʃuː/

i

環境問題
environmental (　　　　　　)

複数形が
入ります。

□094 名
関係
relationship
/riléiʃənʃip/

r

父親との関係
one's (　　　　　　　　　　) **with one's father**

□095 動
～を逮捕する
arrest
/ərést/

a

その市長を収賄の容疑で逮捕する
(　　　　　　) **the mayor for bribery**

□096 動
～を犯す
commit
/kəmít/

c

罪を犯す
(　　　　　　) **a crime**

セ ンテンスの空所を埋める ▶ センテンスを聞く 》024

① 両国間の関係は良好だ。

The ( ) between the two countries is good.

② 国立美術館で印象派の画家たちの展覧会があった。

There was an ( ) of impressionist painters at the national gallery.

③ 宗教は話をするにはデリケートな問題だ。

Religion is a sensitive ( ) to discuss.

④ ジョンソン氏は私の昔からの知人だ。

Mr. Johnson is an old ( ) of mine.

⑤ 彼女はその大学に入学するという目標を達成した。

She has achieved her ( ) of entering the university.

⑥ 彼は飲酒運転の容疑で逮捕された。

He was ( ) for drunken driving.

⑦ ほとんどの日本の家は木材で建てられている。

Most Japanese houses are built of ( ).

⑧ その男は強盗を犯した容疑で逮捕された。

The man was arrested for ( ) a robbery.

解答 | ① relationship (094)　② exhibition (092)　③ issue (093)　④ acquaintance (089)　⑤ aim (090)
　　　⑥ arrested (095)　⑦ timber (091)　⑧ committing (096)

単語・熟語を読む ▶ 単語・熟語を書く ▶ フレーズの空所を埋める ▶ 単語・熟語・フレーズを聞く 》025

□ 097 動
～を編集する
edit
/édit/

e
辞書を編集する
(　　　　) a dictionary

□ 098 動
～を登録する
register
/rédʒistər/

r
新車を登録する
(　　　　) a new car

アクセント注意！
「～を登記する」という
意味も覚えておきましょう。

□ 099 動
～を目撃する
witness
/wítnis/

w
犯罪を目撃する
(　　　　) a crime

□ 100 熟
～に責任がある
be responsible for

be r
自分の行動に責任がある
be (　　　　) (　　) one's own action

□ 101 熟
～と連絡を取り合っている
keep in touch with

k
旧友たちと連絡を取り合っている
(　　) (　　) (　　　) (　　) old friends

□ 102 名
建築家
architect
/ɑ́ːrkətèkt/

a
有名な建築家
a famous (　　　　)

□ 103 名
地階
basement
/béismənt/

b
地下駐車場
a (　　　　) garage

□ 104 名
携帯電話
cell phone
/sél fòun/

c
携帯電話をかけている
be on one's (　　) (　　　　)

Day 7

① 私は昨日、出勤途中に自動車事故を目撃した。

I (   ) a car accident on the way to work yesterday.

② 運転中の携帯電話の使用は禁止されている。

(   ) (   ) use while driving is banned.

③ 私の姉の職業は建築家だ。

My elder sister is an (   ) by profession.

④ 親は子どもの教育に責任がある。

Parents are (   ) (   ) their children's education.

⑤ 食品売り場は地階にある。

The food section is in the (   ).

⑥ 彼はその土地を彼の名義で登記した。

He (   ) the land in his name.

⑦ 彼女は詩集を編集している。

She is (   ) a book of poetry.

⑧ 高校卒業以来、私は彼と連絡を取り合っている。

I have (   ) (   ) (   ) (   ) him since we graduated from high school.

解答   ① witnessed (099)   ② Cell phone (104)   ③ architect (102)   ④ responsible for (100)
       ⑤ basement (103)   ⑥ registered (098)   ⑦ editing (097)   ⑧ kept in touch with (101)

単語・熟語を読む ▶ 単語・熟語を書く ▶ フレーズの空所を埋める ▶ 単語・熟語・フレーズを聞く ◈ 027

□ 105 名
難題
challenge
/tʃǽlindʒ/

c
難題にうまく対処する
rise to the (   )

□ 106 名
締め切り
deadline
/dédlàin/

d
締め切りに間に合う
meet the (   )

□ 107 名
責任
fault
/fɔ́ːlt/

f
責任がある
at (   )

発音注意!

□ 108 名
家事
housework
/háuswə̀ːrk/

h
彼女の家事を手伝う
help her with the (   )

□ 109 名
うわさ
rumor
/rúːmər/

r
うわさを広める
spread a (   )

□ 110 名
建造物
structure
/strʌ́ktʃər/

s
10 階建ての建造物
a 10-story (   )

□ 111 名
部族
tribe
/tráib/

t
マサイ族
the Masai (   )

□ 112 動
〜に値する
deserve
/dizə́ːrv/

d
称賛に値する
(   ) **praise**

---

① 申込書の提出締め切りは 3 日後だ。

The (　　　　　　　　) for application submission is three days away.

② シドニーのオペラハウスは世界で最も美しい建造物の 1 つだ。

The Sydney Opera House is one of the most beautiful (　　　　　　　)
in the world.

③ 彼女はすべての家事をしている。

She does all the (　　　　　　　　).

④ 彼女は尊敬に値する人物だ。

She is a person who (　　　　　　　) respect.

⑤ その人類学者はアマゾンの未開部族の研究をした。

The anthropologist studied a primitive (　　　　) in the Amazon.

⑥ 私たちは今、難題に直面している。

We are now facing a (　　　　　　　).

⑦ うわさではその CEO は近く辞任するとのことだ。

(　　　　　　) has it that the CEO will resign soon.

⑧ それは私の責任ではない。

It's not my (　　　　).

解答　① deadline (106)　② structures (110)　③ housework (108)　④ deserves (112)　⑤ tribe (111)
　　　⑥ challenge (105)　⑦ Rumor (109)　⑧ fault (107)

MEMO

CHAPTER

2

科学・学問

Chapter 2では、英検2級の「科学・学問」関連の長文問題で頻出の単語・熟語112を押さえていきます。「書く」学習は続けていますか？ スペースがびっしり埋まるまで書き込みましょう!

単語・熟語を読む ▶ 単語・熟語を書く ▶ フレーズの空所を埋める ▶ 単語・熟語・フレーズを聞く 》029

□113 图
自然環境
environment
/inváiərənmənt/

e

自然環境を損なう
damage the (　　　　　)

アクセント注意！

□114 图
技術
skill
/skíl/

s

新しい技術を学ぶ
learn new (　　　　)

複数形が入ります。

□115 图
結果
result
/rizʌ́lt/

r

最終結果
the final (　　　)

□116 图
方法
method
/méθəd/

m

指導方法
teaching (　　　　　)

複数形が入ります。

□117 图
解決策
solution
/səlúːʃən/

s

～の解決策を見つける
find a (　　　　　) to ～

□118 图
専門家
expert
/ékspəːrt/

e

古典文学の専門家
an (　　　　　) on classical literature

□119 图
薬
medicine
/médəsən/

m

せき止め薬
cough (　　　　　)

□120 動
～を発明する
invent
/invént/

i

新しい技術を考案する
(　　　　　) new technology

この意味も
押さえて
おきましょう。

① 毎食後にこの薬をスプーン1杯分服用してください。

Take a spoonful of this (　　　　　　) after each meal.

② その試験の結果は私が予想していたよりも悪かった。

The (　　　　) of the examination was worse than I had expected.

③ 彼女は非常に優れた料理の技術を持っている。

She has exceptional cooking (　　　).

④ 蓄音機はトーマス・エジソンによって1877年に発明された。

The phonograph was (　　　　　) by Thomas Edison in 1877.

⑤ 世界的な景気後退の簡単な解決策などない。

There are no easy (　　　　　) to the global recession.

⑥ 水を沸騰させることは最も安全な浄水方法の1つだ。

Boiling water is one of the safest (　　　　　) of water purification.

⑦ 私の父は医療の専門家だ。

My father is a medical (　　　).

⑧ 私たちは自然環境を汚染から守らなければならない。

We must protect the (　　　　　) from pollution.

解答 | ① medicine (119)　② result (115)　③ skills (114)　④ invented (120)　⑤ solutions (117)
⑥ methods (116)　⑦ expert (118)　⑧ environment (113)

単語・熟語を読む ▶ 単語・熟語を書く ▶ フレーズの空所を埋める ▶ 単語・熟語・フレーズを聞く 》031

□ 121 形
医療の
medical
/médikəl/

m

医療保険
(   ) **insurance**

medical care なら
「治療」となります。

□ 122 名
研究
research
/ríːsəːrtʃ/

r

～の研究を行う
carry out (   ) **into ~**

アクセント注意!
「調査」という意味も
覚えておきましょう。

□ 123 名
研究者
researcher
/rɪsə́ːrtʃər/

r

バイオテクノロジーの第一線級の研究者
a leading (   ) **in biotechnology**

□ 124 名
取り組み方
approach
/əpróutʃ/

a

地球温暖化への新しい取り組み方
a new (   ) **to global warming**

□ 125 名
化学物質
chemical
/kémikəl/

c

石油化学製品
petroleum (   )

複数形が入ります。
この意味も押さえて
おきましょう。

□ 126 名
備品
equipment
/ikwípmənt/

e

実験装置
laboratory (   )

この意味も押さえて
おきましょう。

□ 127 名
病気
disease
/dizíːz/

d

伝染病
an infectious (   )

発音注意!

□ 128 名
技術
technique
/tekníːk/

t

～の新技術を開発する
develop a new (   )
for ~

アクセント注意!

Day 8

① 有毒化学物質には特別な取り扱い方法が必要だ。

　Toxic (　　　　　　　　) require special handling procedures.

② 彼は学期末レポートのための調査を行っている。

　He is doing (　　　　　　) for his term paper.

③ 100 人を超える研究者がその会議に集まった。

　More than 100 (　　　　　　　) gathered at the conference.

④ 彼女の父親が彼女に絵画の基本的な技術を教えた。

　Her father taught her the basic (　　　　　　　　) of painting.

⑤ 私はそのアウトドアショップでキャンプ用品を買った。

　I bought camping (　　　　　　　) at the outdoor shop.

⑥ その患者は緊急の治療が必要だ。

　The patient requires immediate (　　　　) care.

⑦ その病気の初期症状は寒け、熱、そしてのどの痛みだ。

　The initial symptoms of the (　　　　) are chills, fever, and sore throat.

⑧ 私たちはその問題に対してより慎重な取り組み方を採用する必要がある。

　We need to adopt a more cautious (　　　　　　) to the problem.

解答　① chemicals (125)　② research (122)　③ researchers (123)　④ techniques (128)
　　　⑤ equipment (126)　⑥ medical (121)　⑦ disease (127)　⑧ approach (124)

単語・熟語を読む ▶ 単語・熟語を書く ▶ フレーズの空所を埋める ▶ 単語・熟語・フレーズを聞く　》033

□ 129 名
実験
experiment
/ikspérəmənt/

e
人体実験
an (　　　　　) on human beings
アクセント注意！

□ 130 動
〜を放つ
release
/rilíːs/

r
有毒ガスを放つ
(　　　　　) toxic gas

□ 131 名
調査
survey
/sə́ːrvei/

s
調査を行う
conduct a (　　　　　)
アクセント注意！

□ 132 名
生物
creature
/kríːtʃər/

c
珍しい生物の化石
a fossil of an unusual (　　　　　)
発音注意！

□ 133 名
源
source
/sɔ́ːrs/

s
エネルギー源
a (　　　　　) of energy

□ 134 形
効果的な
effective
/iféktiv/

e
効果的な方法
an (　　　　　) method

□ 135 形
人工の
artificial
/àːrtəfíʃəl/

a
人工知能
(　　　　　) intelligence
アクセント注意！

□ 136 名
地球温暖化
global warming
/glóubəl wɔ́ːrmiŋ/

g
地球温暖化を引き起こす
cause (　　　　　) (　　　　　)

センテンスの空所を埋める ► センテンスを聞く 　　　　　　　　　　》034

① 多くの人々は地球温暖化を心配している。

Many people are concerned about (　　　　　　) (　　　　　　　　　).

② その新薬の安全性を調べるために実験が行われた。

(　　　　　　　　　　) **were conducted to test the safety of the new drug.**

③ 平均的な車は 1 年に 5 トンの二酸化炭素を放出する。

The average car (　　　　　　　) **five tons of carbon dioxide a year.**

④ その調査は、日本の子どもの 4 人に 1 人は自分の携帯電話を持っていることを示している。

The (　　　　　) **shows that one in four Japanese children have their own cell phones.**

⑤ 果物は重要なビタミン C 源だ。

Fruit is an important (　　　　　) **of vitamin C.**

⑥ これはぜん息の治療に効果的な薬だ。

This is an (　　　　　　　) **drug for the treatment of asthma.**

⑦ シロナガスクジラは地球で最大の生物だ。

Blue whales are the largest (　　　　　　　) **on Earth.**

⑧ ほとんどのジャンクフードには人工添加物と人工保存料が含まれている。

Most junk foods contain (　　　　　) **additives and preservatives.**

解答　① global warming (136)　② Experiments (129)　③ releases (130)　④ survey (131)
　　　　⑤ source (133)　⑥ effective (134)　⑦ creatures (132)　⑧ artificial (135)

単語・熟語を読む ▶ 単語・熟語を書く ▶ フレーズの空所を埋める ▶ 単語・熟語・フレーズを聞く　》035

□ 137 動
〜を測る
measure
/méʒər/

m

彼の身長を測る
(　　　　　　) his height

発音注意！
「〜を測定する」という
意味も覚えておきましょう。

□ 138 形
現代の
modern
/mádərn/

m

現代文学
(　　　　　　) literature

発音注意！

□ 139 形
環境の
environmental
/ɪnvàɪərənméntl/

e

環境保護
(　　　　　　　) protection

□ 140 名
材料
material
/mətíəriəl/

m

建築資材
building (　　　　　　)

アクセント注意！
複数形が入ります。

□ 141 動
〜を調査する
examine
/igzǽmin/

e

〜の方法を検討する
(　　　　　　) ways of 〜

この意味も
押さえて
おきましょう。

□ 142 名
発明
invention
/invénʃən/

i

蒸気機関の発明
the (　　　　　　) of the steam engine

□ 143 名
表面
surface
/sə́:rfis/

s

月面に着陸する
land on the (　　　　　　) of
the moon

発音注意！

□ 144 動
〜を保護する
preserve
/prizə́:rv/

p

絶滅危惧種を絶滅から守る
(　　　　　　) endangered species from extinction

① 彼女は大学で現代ヨーロッパ史を専攻した。

She majored in (　　　　　　　) European history in college.

② 警察はその事故の原因の手がかりを求めて現場を調査した。

Police (　　　　　　　) the scene for clues to the cause of the accident.

③ 海は地球の表面の約 70 パーセントを覆っている。

Oceans cover about 70 percent of the Earth's (　　　　　).

④ ますます多くの人々が環境問題を意識するようになっている。

More and more people are becoming aware of (　　　　　　　) issues.

⑤ アレクサンダー・グラハム・ベルは電話の発明で有名だ。

Alexander Graham Bell is famous for his (　　　　　) of the telephone.

⑥ 私たちは自然環境と野生生物を保護しなければならない。

We must (　　　　　　　) the environment and wildlife.

⑦ この製品は再生材で作られている。

This product is made of recycled (　　　　　　).

⑧ この機械は放射線を測定するために使われている。

This machine is used to (　　　　　　) radiation.

解答
① modern（138） ② examined（141） ③ surface（143） ④ environmental（139）
⑤ invention（142） ⑥ preserve（144） ⑦ materials（140） ⑧ measure（137）

単語・熟語を読む ▶ 単語・熟語を書く ▶ フレーズの空所を埋める ▶ 単語・熟語・フレーズを聞く　》037

□ 145 名
二酸化炭素
carbon dioxide
/káːrbən daiáksaid/

c
二酸化炭素の排出
(　　　　　) (　　　　　) **emissions**

□ 146 名
装置
device
/diváis/

d
温度を測定するための装置
a (　　　　　) **for measuring temperature**

「機器」という意味も覚えておきましょう。

□ 147 名
発見
discovery
/diskávəri/

d
X 線の発見
the (　　　　　) **of X-rays**

□ 148 名
目的
purpose
/páːrpəs/

p
その研究の目的
the (　　　　　) **of the research**

□ 149 名
脅威
threat
/θrét/

t
～の脅威にさらされている
be under (　　　　　) **of ～**

発音注意！

□ 150 動
～を証明する
prove
/prúːv/

p
彼の無実を証明する
(　　　　　) **his innocence**

□ 151 動
～を分析する
analyze
/ǽnəlàiz/

a
調査結果を分析する
(　　　　　) **survey results**

□ 152 動
～を探検する
explore
/iksplóːr/

e
ジャングルを探検する
(　　　　　) **the jungle**

Day 10

① 彼女の人生における目的は他者を助けることだった。

Her (　　　　　　　) in life was to help other people.

② その証拠によって被告が罪を犯したことが証明された。

The evidence (　　　　　　) that the defendant committed the crime.

③ アイザック・ニュートンは重力に関する重要な発見をした。

Isaac Newton made important (　　　　　　　　) about gravity.

④ 二酸化炭素は地球温暖化の主因であると考えられている。

(　　　　　　) (　　　　　　　) is thought to be the main cause of global warming.

⑤ 私たちは1800年代半ばから現在までの地球の温度の記録を分析した。

We (　　　　　　) the global temperature records from the mid-1800s to the present.

⑥ 気候変動はホッキョクグマの生存を脅かしている。

Climate change is a (　　　　　) to the survival of the polar bear.

⑦ 携帯電話やそのほかの電子機器は授業中は切っておかなければならない。

Cell phones and other electronic (　　　　　) must be turned off during class.

⑧ ハドソン川は1609年にヘンリー・ハドソンによって初めて探検された。

The Hudson River was first (　　　　　　) by Henry Hudson in 1609.

解答 | ① purpose (148)　② proved (150)　③ discoveries (147)　④ Carbon dioxide (145)
　　　　⑤ analyzed (151)　⑥ threat (149)　⑦ devices (146)　⑧ explored (152)

単語・熟語を読む ▶ 単語・熟語を書く ▶ フレーズの空所を埋める ▶ 単語・熟語・フレーズを聞く 　》039

□ 153 名
内容
content
/kántent/

c

その容器の中身

the (　　　　　　) of
the container

アクセント注意！
「内容、中身」という意味
では必ず複数形になります。

□ 154 名
昆虫
insect
/ínsekt/

i

虫に腕を刺される

have an (　　　　) bite on one's arm

□ 155 名
酸素
oxygen
/ɑ́ksidʒən/

o

酸素不足

a lack of (　　　　　)

発音注意！

□ 156 形
身体の
physical
/fízikəl/

p

肉体労働

(　　　　　) labor

この意味も押さえておきましょう。
physical exercise なら
「体操」となります。

□ 157 名
物質
substance
/sʌ́bstəns/

s

化学物質

a chemical (　　　　　)

□ 158 動
～を確認する
identify
/aidéntəfài/

i

その筆跡を彼のものであると確認する

(　　　　) the handwriting as his

□ 159 名
視力
eyesight
/áisàit/

e

視力がいい

have good (　　　　　)

□ 160 名
理論
theory
/θíːəri/

t

進化論

(　　　　　) of evolution

発音注意！

① 科学者たちは火星に水の痕跡を確認した。

Scientists have (　　　　　　　 **) traces of water on Mars.**

② その本の内容は簡単に理解できた。

The (　　　　　 **) of the book were easy to understand.**

③ 彼女は経済理論に精通している。

She is familiar with economic (　　　 **).**

④ 植物は二酸化炭素を吸い、酸素を吐き出す。

Plants breathe in carbon dioxide and breathe out (　　　 **).**

⑤ 昆虫には脚が 6 本ある。

(　　　 **) have six legs.**

⑥ 私は毎年、視力の検査を受けている。

I have my (　　　 **) tested every year.**

⑦ 有毒物質が地下水から発見された。

Toxic (　　　　 **) were found in groundwater.**

⑧ 定期的な体操は減量に欠かせない。

Regular (　　　 **) exercise is essential for weight loss.**

解答
① identified (158)　② contents (153)　③ theory (160)　④ oxygen (155)　⑤ Insects (154)
⑥ eyesight (159)　⑦ substances (157)　⑧ physical (156)

単語・熟語を読む ▶ 単語・熟語を書く ▶ フレーズの空所を埋める ▶ 単語・熟語・フレーズを聞く)) 041

□ 161 形
学業の
academic
/ækədémik/

a

学年
the (　　　　　) year

□ 162 形
古代の
ancient
/éinʃənt/

a

古代文明
(　　　　　) civilizations

□ 163 動
〜を行う
conduct
/kəndʌ́kt/

c

調査を行う
(　　　　　) a survey

アクセント注意！

□ 164 熟
A を B と結合させる
combine A with B

c

理論を応用と結びつける
(　　　　　) theory (　　　　) application

□ 165 熟
A を B に接続する
connect A to B

c

プリンターをコンピューターに接続する
(　　　　　) a printer (　　) a computer

□ 166 名
化石
fossil
/fάsəl/

f

化石を発掘する
dig (　　　　　)

発音注意！
複数形が入ります。

□ 167 名
汚染
pollution
/pəlúːʃən/

p

大気汚染
air (　　　　　　　)

□ 168 名
手術
surgery
/sə́ːrdʒəri/

s

美容整形手術
cosmetic (　　　　　)

① 新聞社は定期的に世論調査を行う。

Newspapers regularly (　　　　　　 **) polls.**

② 私は先週、ひざの手術を受けた。

I had (　　　　 **) on my knee last week.**

③ このソフトウエアを使えば、テキストを画像と簡単に結合させることができる。

You can easily (　　　　　 **) text (** 　　　 **) graphics using this software.**

④ 彼女は古代史に興味を持っている。

She is interested in (　　　　 **) history.**

⑤ 私のノートパソコンをどうやってインターネットに接続するか分かりますか？

Do you know how to (　　　　 **) my laptop (** 　 **) the Internet?**

⑥ 彼の学業成績は素晴らしかった。

His (　　　　 **) achievements were excellent.**

⑦ 政府は環境汚染を削減する方法を探っている。

The government is seeking a way to reduce environmental (　　　　 **).**

⑧ 恐竜の化石がこの地域で見つかった。

Dinosaur (　　　　 **) were found in this area.**

解答

① conduct (163)　② surgery (168)　③ combine, with (164)　④ ancient (162)
⑤ connect, to (165)　⑥ academic (161)　⑦ pollution (167)　⑧ fossils (166)

単語・熟語を読む ▸ 単語・熟語を書く ▸ フレーズの空所を埋める ▸ 単語・熟語・フレーズを聞く 043

□169 形 神経の **nervous** /nə́ːrvəs/	n 神経系 **the ( ) system**
□170 動 ～を治す **cure** /kjúər/	c 頭痛を治す **( ) a headache**
□171 動 手術をする **operate** /ɑ́pərèit/	o 彼女に盲腸の手術をする **( ) on her for appendicitis**
□172 熟 ～を調べる **look up**	l 単語をその辞書で調べる **( ) ( ) a word in the dictionary**
□173 熟 ～に精通している **be familiar with**	be f 世界経済に精通している **be ( ) ( ) the global economy**
□174 熟 AをBに変える **convert A into B**	c そのビルを図書館に変える **( ) the building ( ) a library**
□175 名 種 **species** /spíːʃiːz/	s 絶滅危惧種 **an endangered ( )** 
□176 熟 ～を専攻する **major in**	m 哲学を専攻する **( ) ( ) philosophy**

センテンスの空所を埋める ▶ センテンスを聞く   》 044

① 3種類のカエルの新種がその島で発見された。

Three new (   ) of frogs were discovered on the island.

② 彼は「カルバン主義」を百科事典で調べた。

He (   ) (   ) "Calvinism" in the encyclopedia.

③ 彼は昨年、肺がんの手術を受けた。

He was (   ) on for lung cancer last year.

④ 大学で何を専攻したいですか？

What do you want to (   ) (   ) at college?

⑤ 太陽電池は日光を集めてエネルギーに変える。

Solar cells collect and (   ) sunlight (   ) energy.

⑥ 早期に発見され、適切な治療がすぐに行われれば、がんは治すことができる。

Cancer can be (   ) if it is detected in the early stages and proper treatment is given immediately.

⑦ 彼は時事問題に精通している。

He is (   ) (   ) current events.

⑧ その患者は神経病を患っている。

The patient suffers from a (   ) disorder.

解答 ① species (175) ② looked up (172) ③ operated (171) ④ major in (176) ⑤ convert, into (174)
⑥ cured (170) ⑦ familiar with (173) ⑧ nervous (169)

単語・熟語を読む ▶ 単語・熟語を書く ▶ フレーズの空所を埋める ▶ 単語・熟語・フレーズを聞く　》 045

□ 177 名
治療
treatment
/tríːtmənt/

t
治療に反応する
respond to (　　　　　　　)

□ 178 名
実験室
laboratory
/lǽbərətɔ̀ːri/

l
食品実験室
a food (　　　　　　　)

□ 179 熟
A を B に変える
turn A into B

t
牛乳をチーズに変える
(　　　) **milk** (　　　) **cheese**

□ 180 名
電池
cell
/sél/

c
乾電池
a dry (　　　)

□ 181 名
進化
evolution
/èvəlúːʃən/

e
ヒトの進化
the (　　　　　　) **of man**

□ 182 名
器具
instrument
/ínstrəmənt/

i
手術器具
surgical (　　　　　　)

アクセント注意！
複数形が入ります。

□ 183 形
見えない
invisible
/invízəbl/

i
目に見えない紫外線
(　　　　　　) **ultraviolet rays**

□ 184 熟
〜を復習する
brush up

b
英語を復習する
(　　　　) (　　) **one's English**

センテンスの空所を埋める ▶ センテンスを聞く　　　　　　　　　　　　　　　　　　　》046

① 彼女はけがの治療を受けた。

She received (　　　　　　　) for her injuries.

② その大学には 100 を超える実験室がある。

The university has more than 100 (　　　　　　　).

③ チャールズ・ダーウィンは進化に関する学説を 1859 年に発表した。

Charles Darwin published his theory of (　　　　　　　) in 1859.

④ その器具は降水量を計測するために使われている。

The (　　　　　　　) is used to measure rainfall.

⑤ 植物は日光をエネルギーに変える。

Plants (　　　) sunlight (　　　) energy.

⑥ 地球からは冥王星は肉眼では見えない。

When viewed from Earth, Pluto is (　　　　　　　) to the naked eye.

⑦ その車は太陽電池を動力としている。

The car is powered by solar (　　　).

⑧ 彼女はスペインに行く前にスペイン語を復習した。

She (　　　　　　　) (　　　) her Spanish before going to Spain.

解答

① treatment (177)　② laboratories (178)　③ evolution (181)　④ instrument (182)
⑤ turn, into (179)　⑥ invisible (183)　⑦ cells (180)　⑧ brushed up (184)

Day 12　科学・学問5

単語・熟語を読む ▶ 単語・熟語を書く ▶ フレーズの空所を埋める ▶ 単語・熟語・フレーズを聞く　》047

□ 185 名
側面
aspect
/ǽspekt/

a
地球温暖化の経済的側面
economic (　　　　) of global warming
複数形が入ります。

□ 186 名
恐竜
dinosaur
/dáinəsɔ̀ːr/

d
恐竜の骨
(　　　　) bones

□ 187 名
筋肉
muscle
/mʌ́sl/

m
腹筋
stomach (　　　　)
発音注意！複数形が入ります。

□ 188 形
有毒な
poisonous
/pɔ́izənəs/

p
有毒化学物質
(　　　　) chemicals

□ 189 名
患者
patient
/péiʃənt/

p
患者を治療する
treat a (　　　　)

□ 190 名
校長
principal
/prínsəpəl/

p
副校長
a vice (　　　　)

□ 191 名
人工衛星
satellite
/sǽtəlàit/

s
気象衛星
a weather (　　　　)

□ 192 動
〜を計算する
calculate
/kǽlkjulèit/

c
〜の費用を計算する
(　　　　) the cost of 〜

Day 12

① キノコには毒を持つものがある。

Some mushrooms are (　　　　　　　　).

② この運動をすれば筋肉の量が増えるだろう。

This exercise will increase your (　　　　　　) mass.

③ 私の父は高校の校長だ。

My father is the (　　　　　　　　) of a high school.

④ 私たちはその問題をあらゆる側面から分析する必要がある。

We need to analyze the problem from every (　　　　　　).

⑤ 現在の体重を維持するために、毎日必要なカロリーをあなたは計算したほうがいい。

You should (　　　　　　　　) the calories you need each day to maintain your current weight.

⑥ その試合は衛星中継で世界中で放送された。

The game was broadcast around the world by (　　　　　　).

⑦ 医者は患者の言うことに耳を傾けなければならない。

Doctors must listen to (　　　　　　　).

⑧ 1858年に、ほぼ完全な恐竜の骨格が初めてニュージャージーで発見された。

In 1858, the first nearly complete (　　　　　　　) skeleton was found in New Jersey.

解答 | ① poisonous (188) ② muscle (187) ③ principal (190) ④ aspect (185) ⑤ calculate (192)
⑥ satellite (191) ⑦ patients (189) ⑧ dinosaur (186)

Day 13 科学・学問6

単語・熟語を読む ▶ 単語・熟語を書く ▶ フレーズの空所を埋める ▶ 単語・熟語・フレーズを聞く　　》049

☐ 193　動
〜を観察する
observe
/əbzə́:rv/

o
星を観測する
(　　　　　　　) the stars

この意味も押さえて
おきましょう。

☐ 194　動
〜を汚染する
pollute
/pəlú:t/

p
大気をスモッグで汚染する
(　　　　　　) the atmosphere with smog

☐ 195　熟
絶滅する
die out

d
気候変動のため絶滅する
(　　) (　　　) because of climate change

☐ 196　熟
〜を意味する
stand for

s
〜は何を意味しますか？
What does 〜 (　　　　) (　　)?

☐ 197　熟
〜の点から
in terms of

i
生態学の観点から
(　) (　　　　　) (　) ecology

☐ 198　名
層
layer
/léiər/

l
厚いほこりの層
a thick (　　　　) of dust

☐ 199　名
経歴
background
/bǽkgràund/

b
学歴
an academic (　　　　　　　　)

☐ 200　名
機能
function
/fʌ́ŋkʃən/

f
温度を調整する機能
the (　　　　　　) of
controlling temperature

「働き」という意味も
覚えておきましょう。

センテンスの空所を埋める ▶ センテンスを聞く　　　　　　　　　　　》050

① 日食を観測するために何百人もの人々がその島に集まった。

Hundreds of people gathered on the island to (　　　　　　　) the solar eclipse.

② 恐竜は約 6500 万年前に絶滅した。

Dinosaurs (　　　) (　　　) about 65 million years ago.

③ 人口の点では、インドは世界で 2 番目に多い国だ。

(　) (　　　　　) (　) population, India is the second largest country in the world.

④ あなたの経歴を詳しく説明してください。

Please describe your (　　　　　　　　　).

⑤ GDP は国内総生産を意味する。

GDP (　　　　　) (　　　) Gross Domestic Product.

⑥ オゾン層は紫外線をブロックしている。

The ozone (　　　　) blocks ultraviolet radiation.

⑦ その川は下水でひどく汚染されている。

The river is heavily (　　　　　　) with sewage.

⑧ 胃の働きは食べ物を消化することだ。

The (　　　　　　) of the stomach is to digest food.

解答　① observe (193)　② died out (195)　③ In terms of (197)　④ background (199)
　　　⑤ stands for (196)　⑥ layer (198)　⑦ polluted (194)　⑧ function (200)

単語・熟語を読む ▶ 単語・熟語を書く ▶ フレーズの空所を埋める ▶ 単語・熟語・フレーズを聞く　》051

□ 201 名
土壌
soil
/sɔ́il/

s

土壌汚染
(　　　) pollution

□ 202 動
〜を探知する
detect
/ditékt/

d

煙を感知する
(　　　) smoke

「〜を感知する、〜を検知する」という意味も覚えておきましょう。

□ 203 名
高度
altitude
/ǽltətjùːd/

a

高度3万フィートを飛行する
fly at an (　　　) **of 30,000 feet**

□ 204 名
結論
conclusion
/kənklúːʒən/

c

〜という結論に達する
come to the (　　　) **that 〜**

□ 205 名
保護
conservation
/kὰnsərvéiʃən/

c

野生生物の保護
wildlife (　　　)

□ 206 名
温室
greenhouse
/gríːnhàus/

g

温室でイチゴを栽培する
grow strawberries in a (　　　)

□ 207 名
文学
literature
/lítərətʃər/

l

文学作品
a work of (　　　)

アクセント注意！

□ 208 名
手術
operation
/ὰpəréiʃən/

o

〜の手術を受ける
have an (　　　) **on 〜**

① 彼女は現代フランス文学の専門家だ。

She is an expert on modern French (**).**

② その団体は自然保護を促進するために設立された。

The organization was established to promote the (**) of nature.**

③ ガイガーカウンターは放射線を検知するために使われる。

A Geiger counter is used to (**) radiation.**

④ 酸素は、高度が高くなると少なくなる。

There is less oxygen at higher (**).**

⑤ スイカは水はけのよい土壌で最もよく育つ。

Watermelons grow best in well-drained (**).**

⑥ 私は先月、胃の手術を受けた。

I had an (**) on my stomach last month.**

⑦ 二酸化炭素は主要な温室効果ガスだ。

Carbon dioxide is a major (**) gas.**

⑧ 私たちはその問題に関して何も結論に達していない。

We haven't come to any (**) on the issue.**

解答   ① literature (207)   ② conservation (205)   ③ detect (202)   ④ altitudes (203)   ⑤ soil (201)
       ⑥ operation (208)   ⑦ greenhouse (206)   ⑧ conclusions (204)

Day 14 科学・学問7

単語・熟語を読む ▶ 単語・熟語を書く ▶ フレーズの空所を埋める ▶ 単語・熟語・フレーズを聞く　》053

□ 209 形
科学の
scientific
/sàiəntífik/

s

科学知識
( ) **knowledge**

アクセント注意！

□ 210 熟
〜が備えつけられている
be equipped with

be e

最新の機械が備えつけられている
be ( ) ( ) **modern machinery**

□ 211 名
液体
liquid
/líkwid/

l

液体から固体に変化する
change from a ( ) **to a solid**

□ 212 名
学期
semester
/siméstər/

s

前期
the first ( )

アクセント注意！

□ 213 動
移動する
migrate
/máigreit/

m

より暖かい場所へ移動する
( ) **to a warmer place**

□ 214 名
食欲
appetite
/ǽpətàit/

a

食欲が旺盛である
have a healthy ( )

□ 215 名
大気
atmosphere
/ǽtməsfìər/

a

大気を汚染する
pollute the ( )

アクセント注意！

□ 216 名
がん
cancer
/kǽnsər/

c

肺がん
lung ( )

Day 14

① この物質は室温では液体だ。

This substance is a (　　　　　) at room temperature.

② その学校には約 100 台のコンピューターが備えられている。

The school is (　　　　　　　) (　　　　) about 100 computers.

③ その薬は食欲不振を起こすことがある。

The drug can cause loss of (　　　　　　).

④ 私は次の学期に哲学を受講するつもりだ。

I'm taking philosophy next (　　　　　　).

⑤ がんの主因はいまだに分かっていない。

The main cause of (　　　　　) is still unknown.

⑥ 大気中の二酸化炭素量が増え続けている。

The amount of carbon dioxide in the (　　　　　　　) has been increasing.

⑦ DNA 構造の特定は 20 世紀最大の科学上の発見の 1 つだった。

Identifying the structure of DNA was one of the biggest (　　　　　) discoveries of the 20th century.

⑧ ハクチョウはシベリアと日本の間を移動する。

Swans (　　　　　　) between Siberia and Japan.

解答 | ① liquid (211)　② equipped with (210)　③ appetite (214)　④ semester (212)　⑤ cancer (216)
⑥ atmosphere (215)　⑦ scientific (209)　⑧ migrate (213)

単語・熟語を読む ▶ 単語・熟語を書く ▶ フレーズの空所を埋める ▶ 単語・熟語・フレーズを聞く 》055

□ 217 ☺
健康診断
checkup
/tʃékʌ̀p/

c
歯科検診
a dental (　　　　)

「歯の健康診断」から「歯科検診」となります。

□ 218 ☺
絶滅
extinction
/ikstíŋkʃən/

e
絶滅の危機にある
be in danger of (　　　　)

□ 219 ☺
けが
injury
/índʒəri/

i
大けが
a serious (　　　)

□ 220 ☺
現象
phenomenon
/finámənàn/

p
新たな現象
a new (　　　　　)

複数形は phenomena です。

□ 221 ☺
毒
poison
/pɔ́izn/

p
猛毒
a deadly (　　　)

□ 222 ☺
嵐
storm
/stɔ́ːrm/

s
激しい嵐
a violent (　　　)

□ 223 ☺
要約
summary
/sʌ́məri/

s
その報告書の要約
a (　　　　) of the report

□ 224 ☺
カンニングをする
cheat
/tʃíːt/

c
試験でカンニングをする
(　　　) at an examination

センテンスの空所を埋める ▶ センテンスを聞く　　　　　　　　　　　　　　　　》056

① そのヘビは毒を持っている。

The snake possesses a (　　　　　).

② 彼はバスケットボールをしていて軽いけがをした。

He suffered a minor (　　　　　) while playing basketball.

③ 私はその小説家の最新作の要約を読んだ。

I read a (　　　　　) of the author's latest novel.

④ その生徒はカンニングをしたかどで1週間停学になった。

**The student was suspended from school for one week for
(　　　　　).**

⑤ 300を超える家がその嵐で破壊された。

More than 300 houses were destroyed by the (　　　　　).

⑥ 恐竜の絶滅は約6500万年前に起きた。

**The (　　　　　) of the dinosaurs occurred about 65 million years
ago.**

⑦ 心霊現象を信じる人もいる。

Some people believe in psychic (　　　　　).

⑧ 私は昨日、毎年の健康診断を受けた。

I had my annual (　　　　　) yesterday.

解答　① poison (221)　② injury (219)　③ summary (223)　④ cheating (224)　⑤ storm (222)
　　　⑥ extinction (218)　⑦ phenomena (220)　⑧ checkup (217)

MEMO

CHAPTER

3

政治・経済

Chapter 3では、英検2級の「政治・経済」関連の長文問題で頻出の単語・熟語112を見ていきましょう。「書く」「聞く」に「音読する」も加えれば、定着度が一段と高まります。

Day 15 政治・経済1

単語・熟語を読む ▶ 単語・熟語を書く ▶ フレーズの空所を埋める ▶ 単語・熟語・フレーズを聞く　 》057

□ 225 名
発表
presentation
/prèzəntéiʃən/

p
発表する
give a (　　　　　　　　)

□ 226 名
廃棄物
waste
/wéist/

w
産業廃棄物
industrial (　　　　)

発音注意！

□ 227 名
従業員
employee
/implɔ́ii/

e
パートタイム従業員
a part-time (　　　　　　)

アクセント注意！

□ 228 動
〜を開発する
develop
/divéləp/

d
新しいソフトウエアを開発する
(　　　　　　) **new software**

□ 229 名
利益
benefit
/bénəfit/

b
公共の利益
the public (　　　　)

アクセント注意！
「利点」という意味も
覚えておきましょう。

□ 230 動
〜を雇う
hire
/háiər/

h
新入社員を採用する
(　　　　) **new employees**

この意味も
押さえて
おきましょう。

□ 231 名
顧客
client
/kláiənt/

c
得意先の会社
a (　　　　) **company**

この意味も
押さえて
おきましょう。

□ 232 名
証拠
evidence
/évədəns/

e
彼が有罪であることの証拠
(　　　　　　) **of his guilt**

① 新薬を開発するには 10 年から 15 年かかる。

It takes 10 to 15 years to (　　　　　　) a new drug.

② 有害廃棄物の投棄は固く禁止されている。

Dumping of hazardous (　　　　) is strictly prohibited.

③ 彼女はその会社に秘書として採用された。

She was (　　　　) by the company as a secretary.

④ 被告がその罪を犯したという証拠はなかった。

There was no (　　　　　　) that the defendant committed the crime.

⑤ その会社には約 500 人の従業員がいる。

The company has approximately 500 (　　　　　　).

⑥ 彼女はその新製品について発表する予定だ。

She will give a (　　　　　　) on the new product.

⑦ 在宅勤務の利点の 1 つは勤務時間の柔軟性だ。

One of the (　　　　　) of telecommuting is the flexibility of work hours.

⑧ スミス氏は私たちの法律事務所の顧客だ。

Mr. Smith is a (　　　　) of our law firm.

解答　① develop (228)　② waste (226)　③ hired (230)　④ evidence (232)　⑤ employees (227)
　　　⑥ presentation (225)　⑦ benefits (229)　⑧ client (231)

Day 15 　政治・経済1

単語・熟語を読む ▶ 単語・熟語を書く ▶ フレーズの空所を埋める ▶ 単語・熟語・フレーズを聞く 　》059

□ 233 動 〜を借りる **rent** /rént/	r アパートを借りる (　　　　) an apartment
□ 234 名 料金 **charge** /tʃɑ́ːrdʒ/	c 無料で **free of** (　　　　)
□ 235 名 用地 **site** /sáit/	s 建設用地 **a building** (　　)
□ 236 名 顧客 **customer** /kʌ́stəmər/	c 顧客サービス (　　　　　) **service**
□ 237 形 商業の **commercial** /kəmə́ːrʃəl/	c 商取引 (　　　　　　) **transactions**
□ 238 動 〜を促進する **promote** /prəmóut/	p 世界平和を促進する (　　　　) **world peace**
□ 239 名 広告 **advertisement** /ædvərtáizmənt/	a 新製品の広告 **an** (　　　　　　) **for a new product** 発音注意！
□ 240 名 所得 **income** /ínkʌm/	i 平均所得 **the average** (　　　　) 「収入」という意味も覚えておきましょう。

Day 15

① 彼の年収は約7万ドルだ。

His yearly (　　　　　　) is about $70,000.

② 彼は新聞の求人広告に目を通した。

He looked through the job (　　　　　　　　　) in the newspaper.

③ 政府はリサイクルを促進するためにより多くのことをすべきだ。

The government should do more to (　　　　　) recycling.

④ 配達には10ドルの料金がかかる。

There is a $10 (　　　　　) for delivery.

⑤ この用地は新しい教会用に選ばれた。

This (　　　) was chosen for the new church.

⑥ パウエル氏は当店の常連客の1人だ。

Mr. Powell is one of our regular (　　　　　　).

⑦ 休暇中、私たちは車を借りた。

We (　　　　) a car while on vacation.

⑧ その映画は商業的な大成功を収めた。

The movie was a huge (　　　　　　) success.

解答 ① income (240) ② advertisements (239) ③ promote (238) ④ charge (234) ⑤ site (235) ⑥ customers (236) ⑦ rented (233) ⑧ commercial (237)

Day 16 政治・経済2

単語・熟語を読む ▶ 単語・熟語を書く ▶ フレーズの空所を埋める ▶ 単語・熟語・フレーズを聞く �») 061

□ 241 🔲
政策
policy
/pάləsi/

p
外交政策
foreign (   )

□ 242 🔲
〜を辞める
quit
/kwít/

q
高校を退学する
(   ) high school

quit school で「学校を辞める」→「退学する」となります。

□ 243 🔲
同僚
co-worker
/kóuwə̀ːrkər/

c
男性の同僚
one's male (   )

□ 244 🔲
需要
demand
/dimǽnd/

d
石油需要
(   ) for oil

□ 245 🔲
経済
economy
/ikάnəmi/

e
世界経済
the global (   )

□ 246 🔲
〜を経営する
run
/rʌ́n/

r
レストランを経営する
(   ) a restaurant

□ 247 🔲
開発
development
/divéləpmənt/

d
住宅開発
housing (   )

アクセント注意！

□ 248 🔲
予約
reservation
/rèzərvéiʃən/

r
予約を確認する
confirm one's (   )

Day 16

① 彼は自分の会社を経営している。

He (   ) his own company.

② 彼女は健康上の理由で仕事を辞めなければならなかった。

She had to (   ) her job for health reasons.

③ 私は昨日、同僚の結婚式に出席した。

I attended my (   ) wedding yesterday.

④ スズキさんは製品開発の責任者だ。

Mr. Suzuki is in charge of product (   ).

⑤ 私は前もってホテルの予約をした。

I made a hotel (   ) in advance.

⑥ その国の電力需要は伸び続けている。

The country's (   ) for electricity has been increasing.

⑦ その国の経済は急速に成長している。

The country's (   ) has been growing rapidly.

⑧ 政府は経済政策を見直すべきだ。

The government should review its economic (   ).

解答 | ① runs (246) ② quit (242) ③ co-worker's (243) ④ development (247) ⑤ reservation (248)
⑥ demand (244) ⑦ economy (245) ⑧ policy (241)

単語・熟語を読む ▶ 単語・熟語を書く ▶ フレーズの空所を埋める ▶ 単語・熟語・フレーズを聞く　　》063

☐ 249
業績
performance
/pərfɔ́:rməns/

p
よい業績
good (　　　　　　　　　)

☐ 250
職
position
/pəzíʃən/

p
上級職
a senior (　　　　　　　)

☐ 251
購入
purchase
/pə́:rtʃəs/

p
購入する
make a (　　　　　)

発音注意！
「買い物」という意味も
覚えておきましょう。

☐ 252
代理店
agency
/éidʒənsi/

a
旅行代理店
a travel (　　　　　　)

☐ 253
予約
appointment
/əpɔ́intmənt/

a
歯医者の予約をする
make a dentist's
(　　　　　　　　　)

「（面会の）約束」
という意味も
覚えておきましょう。

☐ 254
経験
experience
/ikspíəriəns/

e
実務経験
work (　　　　　　　　　)

アクセント注意！

☐ 255
料金
fee
/fí:/

f
入場料
an entrance (　　　)

☐ 256
供給
supply
/səplái/

s
電力供給
power (　　　　　)

センテンスの空所を埋める ▶ センテンスを聞く　　　　　　　　　　　　》064

① 彼女は現在、その大学の教授の職に就いている。

She currently holds the (　　　　　　　　) of professor at the university.

② 私の兄は広告代理店に勤務している。

My brother works for an advertising (　　　　　).

③ 彼女の仕事の業績は際立っている。

Her job (　　　　　　　　　) is outstanding.

④ その大学の授業料は年間 7500 ドルだ。

The university's tuition (　　　) are $7,500 a year.

⑤ 彼女は経験不足のためその仕事を得られなかった。

She didn't get the job because of her lack of (　　　　　　　　).

⑥ 需要が供給を上回ると価格は上がる。

When demand exceeds (　　　　　), prices go up.

⑦ 家は多くの人が生涯でする最も重要な買い物だ。

A house is the most important (　　　　　　　　) that many people make in their lifetimes.

⑧ 私は明日、大切な顧客と会う約束がある。

I have an (　　　　　　　　) with an important client tomorrow.

解答 | ① position (250)　② agency (252)　③ performance (249)　④ fees (255)　⑤ experience (254)
　　　⑥ supply (256)　⑦ purchase (251)　⑧ appointment (253)

単語・熟語を読む ▶ 単語・熟語を書く ▶ フレーズの空所を埋める ▶ 単語・熟語・フレーズを聞く　　》065

□ 257 名
代理人
agent
/éidʒənt/

a_____

保険代理業者
an insurance (　　　　)

この意味も
押さえて
おきましょう。

□ 258 名
職業
career
/kəríər/

c_____

転職
a (　　　　) change

アクセント注意！
「仕事」という意味も
覚えておきましょう。

□ 259 動
〜を出版する
publish
/pʌ́bliʃ/

p_____

処女作を出版する
(　　　　) one's first novel

□ 260 名
商品
goods
/gúdz/

g_____

電気製品
electrical (　　　　)

□ 261 名
産業
industry
/índəstri/

i_____

基幹産業
a key (　　　　)

アクセント注意！

□ 262 名
利益
profit
/prάfit/

p_____

利益を上げる
make a (　　　)

□ 263 名
会議
conference
/kάnfərəns/

c_____

会議を開く
hold a (　　　　　)

□ 264 名
資源
resource
/ríːsɔːrs/

r_____

天然資源
natural (　　　　　)

通例、複数形で
用いられます。

79

Day 17

セン テンスの空所を埋める ▶ センテンスを聞く　　　　　　　　　　　　　　　》066

① その会社は主に学術書を出版している。
The company mainly (　　　　　　　　) academic books.

② この数年で輸入品の価格が下がっている。
Prices of imported (　　　　　) have fallen in recent years.

③ 彼は銀行業での仕事を望んでいる。
He hopes for a (　　　　　) in banking.

④ その会社は昨年、200万ドルの利益を上げた。
The company made a (　　　　) of $2 million last year.

⑤ 来月、年次会議が東京で開催される予定だ。
The annual (　　　　　　　) will be held in Tokyo next month.

⑥ スミス氏は私たちの代理人を務めている。
Mr. Smith is acting as our (　　　　).

⑦ オーストラリアは鉱物資源に恵まれている。
Australia is rich in mineral (　　　　　　).

⑧ 農業はその国の主要産業の1つだ。
Agriculture is one of the country's main (　　　　　　).

解答　① publishes (259)　② goods (260)　③ career (258)　④ profit (262)　⑤ conference (263)
　　　⑥ agent (257)　⑦ resources (264)　⑧ industries (261)

単語・熟語を読む ▶ 単語・熟語を書く ▶ フレーズの空所を埋める ▶ 単語・熟語・フレーズを聞く))) 067

□ 265 名
農作物
crop
/kráp/

c
農作物を育てる
grow (　　　　　)

複数形が入ります。

□ 266 動
～を配達する
deliver
/dilívər/

d
商品を無料で配達する
(　　　　　) goods for free

□ 267 動
～を経営する
manage
/mǽnidʒ/

m
会社を経営する
(　　　　　) a company

□ 268 形
裕福な
wealthy
/wélθi/

w
裕福な国
a (　　　　　) country

□ 269 熟
～を引き継ぐ
take over

t
家業を継ぐ
(　　　) (　　　　　) the family business

□ 270 名
ショッピングセンター
mall
/mɔ́ːl/

m
巨大ショッピングセンター
a huge (　　　)

□ 271 動
～を予約する
reserve
/rizə́ːrv/

r
そのホテルのシングルルームを予約する
(　　　　　) a single room at the hotel

□ 272 名
売り場
section
/sékʃən/

s
喫煙コーナー
a smoking (　　　　　)

この意味も
押さえて
おきましょう。

① 新しいショッピングセンターが市の郊外で建設中だ。

A new (　　　　) is being built in the suburbs of the city.

② 私のおじは横浜で3軒のレストランを経営している。

My uncle (　　　　) three restaurants in Yokohama.

③ 彼は裕福な家庭の出だ。

He comes from a (　　　　) family.

④ 注文品は24時間以内に配達された。

My order was (　　　　) within 24 hours.

⑤ 彼女は東京発ロンドン行きの便を予約した。

She (　　　　) a flight from Tokyo to London.

⑥ 彼はその仕事を退職する前任者から引き継いだ。

He (　　　) (　　　) the job from his retiring predecessor.

⑦ この地域の主要な農作物は米と豆だ。

The main (　　　　) in this region are rice and beans.

⑧ おもちゃ売り場はどこですか？

Where is the toy (　　　　)?

解答 | ① mall (270)　② manages (267)　③ wealthy (268)　④ delivered (266)　⑤ reserved (271)
　　　| ⑥ took over (269)　⑦ crops (265)　⑧ section (272)

単語・熟語を読む ▶ 単語・熟語を書く ▶ フレーズの空所を埋める ▶ 単語・熟語・フレーズを聞く　》069

□ 273　名
公務員
official
/əfíʃəl/

o

国家公務員
a government (　　　　)

アクセント注意！
「職員」という意味も
覚えておきましょう。

□ 274　熟
〜で役割を果たす
play a role in

p

〜で主導的な役割を果たす
(　　　)(　) leading (　　　)(　) 〜

□ 275　名
市長
mayor
/méiər/

m

市長候補者
candidates for (　　　　)

□ 276　動
〜を予約する
book
/búk/

b

ホテルの部屋を予約する
(　　　　) a hotel room

□ 277　形
代わりの
alternative
/ɔːltə́ːrnətiv/

a

代替エネルギー源
(　　　　　　　) energy sources

アクセント注意！

□ 278　名
支店
branch
/bræntʃ/

b

支店長
a (　　　　　　) manager

□ 279　動
〜を宣伝する
advertise
/ǽdvərtàiz/

a

新製品を宣伝する
(　　　　　) a new product

アクセント注意！

□ 280　動
〜を製造する
manufacture
/mænjufǽktʃər/

m

オートバイを製造する
(　　　　　　) motorcycles

アクセント注意！

① 市の職員と市民たちはそのプロジェクトに関して意見を交換した。

City (　　　　　　　　) and citizens exchanged opinions on the project.

② ミラー氏は3年前に市長に選ばれた。

Mr. Miller was elected (　　　　　) three years ago.

③ ソーラーパネルは将来、より一般的な代替動力源になるだろう。

Solar panels will become a more common (　　　　　　　　) source of power in the future.

④ 私はそのレストランの4人掛けテーブルを予約した。

I (　　　　　　) a table for four at the restaurant.

⑤ アルコール飲料はテレビで宣伝されるべきではないと考える人たちもいる。

Some people think that alcohol should not be (　　　　　　　　) on television.

⑥ 彼はその銀行のロンドン支店に勤務している。

He works for the London (　　　　　　) of the bank.

⑦ 大学は社会で重要な役割を果たしている。

Universities (　　　) (　　) important (　　　) (　　) society.

⑧ その工場は自動車部品を製造している。

The plant (　　　　　　　　　　) car parts.

解答 | ① officials (273)　② mayor (275)　③ alternative (277)　④ booked (276)　⑤ advertised (279)
⑥ branch (278)　⑦ play an, role in (274)　⑧ manufactures (280)

単語・熟語を読む ▶ 単語・熟語を書く ▶ フレーズの空所を埋める ▶ 単語・熟語・フレーズを聞く 》071

□ 281 🔲
農業
agriculture
/ǽgrikÀltʃər/

a

農業に従事している
be engaged in (　　　　　)　アクセント注意！

□ 282 🔲
〜を維持する
maintain
/meintéin/

m

〜との関係を維持する
(　　　　　) a relationship with 〜

□ 283 🔲
〜を代表する
represent
/rèprizént/

r

オリンピックで国を代表する
(　　　　　) one's country at the Olympics　アクセント注意！

□ 284 🔲
〜を輸送する
transport
/trænspɔ́:rt/

t

商品をロンドンに輸送する
(　　　　　) goods to London　アクセント注意！

□ 285 🔲
運動
campaign
/kæmpéin/

c

選挙運動
an election (　　　　　)

□ 286 🔲
目標
target
/tá:rgit/

t

目標期日
a (　　　　) date

□ 287 🔲
財政上の
financial
/fainǽnʃəl/

f

財政難
(　　　　　) difficulties　アクセント注意！「金融上の」という意味も覚えておきましょう。

□ 288 🔲
競争する
compete
/kəmpí:t/

c

その賞を得るために彼と争う
(　　　　　) with him for the prize

① 50 人の立候補者が市議会の 31 の議席を得るために争っている。

Fifty candidates are (　　　　　　　　　) for 31 city council seats.

② 警察の役割は社会の治安を維持することだ。

The role of the police is to (　　　　　) law and order in society.

③ 彼はその会議で会社を代表した。

He (　　　　　　　) the company at the conference.

④ その運動を組織しているのは誰ですか？

Who is organizing the (　　　　　　)?

⑤ そのパイプラインは原油を米国に輸送している。

The pipeline (　　　　　　　) crude oil to the US.

⑥ その国の主要産業は農業だ。

The country's main industry is (　　　　　).

⑦ その世界的金融危機は米国から始まった。

The global (　　　　　　) crisis originated in the US.

⑧ 彼らは売上目標を達成できなかった。

They failed to meet their sales (　　　).

解答　① competing (288)　② maintain (282)　③ represented (283)　④ campaign (285)
⑤ transports (284)　⑥ agriculture (281)　⑦ financial (287)　⑧ target (286)

単語・熟語を読む ▶ 単語・熟語を書く ▶ フレーズの空所を埋める ▶ 単語・熟語・フレーズを聞く   )) 073

□ 289 動
〜を輸入する
import
/impɔ́:rt/

i
石油を中東から輸入する
(   ) oil from
the Middle East

アクセント注意！

□ 290 熟
〜を一時解雇する
lay off

l
工場労働者を一時解雇する
(   ) (   ) factory workers

□ 291 熟
勤務中で
on duty

o
勤務中に居眠りをする
take a nap while (   ) (   )

□ 292 名
仕事
task
/tǽsk/

t
仕事を行う
perform a (   )

□ 293 名
貿易
trade
/tréid/

t
2 国間の貿易
(   ) between the two countries

□ 294 形
効率的な
efficient
/ifíʃənt/

e
燃費効率のよい
fuel-(   )

アクセント注意！

□ 295 形
実用的な
practical
/prǽktikəl/

p
実用的な服
(   ) clothes

□ 296 動
協力する
cooperate
/kouápərèit/

c
その行方不明の少女の捜索で警察と協力する
(   ) with the police in finding the
missing girl

センテンスの空所を埋める ▶ センテンスを聞く　　　　　　　　　　　　　　　》074

① ロボットはかつては人間が行っていた仕事をすることができる。

Robots can perform (　　　　　) once done by humans.

② 電気自動車はより実用的になりつつある。

Electric cars are becoming more (　　　　　).

③ 各従業員は最高の成果を達成するために同僚と協力しなければならない。

Each employee must (　　　　　) with colleagues to achieve the best results.

④ 景気後退のため、その会社は 100 人を超える従業員を一時解雇せざるを得なかった。

Because of recession, the company was forced to (　　) (　　) more than 100 employees.

⑤ 米国で売られているすべてのおもちゃの約 80 パーセントは中国から輸入されている。

About 80 percent of all toys sold in the US are (　　　　　) from China.

⑥ その国の貿易のほぼ 30 パーセントは中国とのものだ。

Almost 30 percent of the country's (　　　　) is with China.

⑦ その都市の公共交通機関は効率的だ。

Public transportation in the city is (　　　　　).

⑧ 今夜は仕事がありますか？

Are you (　　) (　　　　) tonight?

解答　① tasks (292)　② practical (295)　③ cooperate (296)　④ lay off (290)　⑤ imported (289)
　　　⑥ trade (293)　⑦ efficient (294)　⑧ on duty (291)

□ 297 熟
〜を進める
go ahead with

g
その計画を進める
(　　　) (　　　　　　　) (　　　　　　) **the plan**

□ 298 名
観光業
tourism
/túərizm/

t
観光産業
the (　　　　　　　) **industry**

□ 299 動
〜に着手する
launch
/lɔ́:ntʃ/

l
そのプロジェクトに着手する
(　　　　　　) **the project**

□ 300 動
退職する
retire
/ritáiər/

r
早期退職する
(　　　　　　) **early**

□ 301 名
同僚
colleague
/káli:g/

c
同僚たちと情報を共有する
share information
with (　　　　　　　)

アクセント注意！
複数形が入ります。

□ 302 形
発展途上の
developing
/divéləpiŋ/

d
発展途上諸国
the (　　　　　　　　) **world**

□ 303 動
〜を稼ぐ
earn
/ɔ́:rn/

e
高給を稼ぐ
(　　　　　) **a good salary**

□ 304 動
〜を雇う
employ
/implɔ́i/

e
彼女を秘書として雇う
(　　　　　　　) **her as a secretary**

① 私は昨日、同僚の家に招待された。

I was invited to my (**) house yesterday.**

② 彼は年に約 8 万ドルの収入がある。

He (**) about $80,000 a year.**

③ その工場は約 200 人の地元住民を雇用している。

The plant (**) about 200 local people.**

④ 政府は財政改革を進める予定だ。

The government will (**) (**   **) (**   **) financial reforms.**

⑤ その市の経済は観光業に大きく依存している。

The economy of the city heavily depends on (**).**

⑥ ブラウン氏は 65 歳でその会社を退職した。

Mr. Brown (**) from the company at the age of 65.**

⑦ 政府は政治改革に着手する計画だ。

The government plans to (**) political reforms.**

⑧ 日本は発展途上国に援助を行ってきた。

Japan has provided assistance to (**) countries.**

解答

① colleague's (301)   ② earns (303)   ③ employs (304)   ④ go ahead with (297)
⑤ tourism (298)   ⑥ retired (300)   ⑦ launch (299)   ⑧ developing (302)

Day 20 政治・経済6

CHAPTER 1 CHAPTER 2 CHAPTER 3 CHAPTER 4 CHAPTER 5 CHAPTER 6

単語・熟語を読む ▶ 単語・熟語を書く ▶ フレーズの空所を埋める ▶ 単語・熟語・フレーズを聞く　》077

□305 形
経済的な
economical
/èkənámikəl/

e
エネルギーの経済的な使用
an (　　　　　) use of energy

□306 名
役員会
board
/bɔ́:rd/

b
役員会議
a (　　　) meeting

□307 名
契約
contract
/kántrækt/

c
労働契約
a (　　　　) of employment

□308 名
協力
cooperation
/kouàpəréiʃən/

c
～と協力して
in (　　　　) with ～

□309 名
払い戻し
refund
/rí:fʌnd/

r
払い戻しを求める
ask for a (　　　)　アクセント注意！

□310 動
～をもてなす
entertain
/èntərtéin/

e
客をもてなす
(　　　　) guests　アクセント注意！「～を接待する」という意味も覚えておきましょう。

□311 熟
協力する
pull together

p
目標を達成するために協力する
(　　) (　　　) to achieve the goal

□312 熟
～する余裕がある
afford to do

a
新しいテレビを買う余裕がない
can't (　　　) (　　) buy a new TV

91

Day 20

センテンスの空所を埋める ▶ センテンスを聞く))) 078

---

① そのプロジェクトは役員会で承認された。

The project was approved by the (　　　　　).

---

② 私たちは連邦政府との契約を獲得した。

We won a (　　　　　　　) with the federal government.

---

③ 全商品は購入の 14 日以内であれば払い戻しのため返品できる。

All items can be returned for a (　　　　　) within 14 days of purchase.

---

④ 成功するにはあなたの協力が必要だ。

I need your (　　　　　　　) to succeed.

---

⑤ 全員で協力すれば、私たちはそのプロジェクトを終了することができるだろう。

If we all (　　　) (　　　　　　　), we will be able to complete the project.

---

⑥ 彼は取引先をディナーで接待した。

He (　　　　　　　) his clients at dinner.

---

⑦ ハイブリッドカーは燃費の点で経済的だ。

Hybrid cars are (　　　　　　　) on fuel.

---

⑧ 今年の夏、私たちは海外旅行をする余裕がない。

We can't (　　　　) (　　) travel abroad this summer.

解答 | ① board (306)　② contract (307)　③ refund (309)　④ cooperation (308)　⑤ pull together (311)
⑥ entertained (310)　⑦ economical (305)　⑧ afford to (312)

単語・熟語を読む ▶ 単語・熟語を書く ▶ フレーズの空所を埋める ▶ 単語・熟語・フレーズを聞く 》079

□313 形
経済の
economic
/èkənámik/

e
経済政策
( ) **policies**

アクセント注意！

□314 名
請求書
bill
/bíl/

b
割り勘にする
split the ( )

「勘定を分配する」から
この意味になります。

□315 名
競争
competition
/kàmpətíʃən/

c
激しい競争
intense ( )

□316 名
消費者
consumer
/kənsjúːmər/

c
消費者保護
( ) **protection**

□317 名
敗北
defeat
/difíːt/

d
敗北を喫する
suffer ( )

□318 名
経済学
economics
/ìːkənámiks/

e
経済学の学位
a degree in ( )

□319 名
政治家
politician
/pàlətíʃən/

p
有能な政治家
a capable ( )

□320 名
革命
revolution
/rèvəlúːʃən/

r
フランス革命
the French ( )

固有名詞なので
大文字で始まります。

Day 20

① なぜあなたは政治家になりたいのですか？

Why do you want to be a (　　　　　　　　)?

② オンラインで商品を買う場合に、消費者は注意する必要がある。

(　　　　　　　　) **need to be careful when buying goods online.**

③ その国は深刻な経済状況にある。

The country is in a serious (　　　　　　　) **situation.**

④ ドイツは 1848 年に革命を経験した。

Germany experienced a (　　　　　　　) **in 1848.**

⑤ 市場占有率を目指す競争は激しい。

(　　　　　　　　) **for market share is fierce.**

⑥ 電気代の請求書の支払いはもう済ませましたか？

Have you paid the electricity (　　　) **yet?**

⑦ その政党は総選挙で大敗を喫した。

The party suffered a major (　　　　) **in the general election.**

⑧ 私は大学で経済学を専攻した。

I majored in (　　　　　　　) **at university.**

解答 | ① politician（319）　② Consumers（316）　③ economic（313）　④ revolution（320）
　　 | ⑤ Competition（315）　⑥ bill（314）　⑦ defeat（317）　⑧ economics（318）

単語・熟語を読む ▶ 単語・熟語を書く ▶ フレーズの空所を埋める ▶ 単語・熟語・フレーズを聞く ◈ 081

□ 321 名
在庫品
stock
/sták/

s

在庫がある
be in (   )

□ 322 名
環境
surrounding
/səráundiŋ/

s

自然環境の中で暮らす
live in natural
(   )

この意味では必ず複数形になります。

□ 323 動
〜を輸出する
export
/ikspɔ́:rt/

e

車を中国へ輸出する
(   ) cars to China

アクセント注意！

□ 324 名
保証
guarantee
/gæ̀rəntí:/

g

返金保証
a money-back (   )

アクセント注意！

□ 325 名
宣伝
publicity
/pʌblísəti/

p

宣伝キャンペーン
a (   ) campaign

□ 326 名
代理人
representative
/rèprizéntətiv/

r

代表者を選ぶ
elect a (   )

アクセント注意！
この意味も押さえておきましょう。

□ 327 名
報酬
reward
/riwɔ́:rd/

r

うまくいった仕事に対する報酬
a (   ) for a job well done

□ 328 名
領土
territory
/térətɔ̀:ri/

t

敵の領土
enemy (   )

Day 21

① 彼女が新しい環境に慣れるまでには長い時間がかかった。

It took her a long time to adjust to her new (　　　　　　　　　　　).

② その製品には 3 年保証がついている。

The product comes with a three-year (　　　　　　　　).

③ 日本は北方領土の返還を求め続けている。

Japan has been demanding the return of the northern
(　　　　　　　　　).

④ その店には古本の在庫がたくさんある。

The store has a huge (　　　　　) **of secondhand books.**

⑤ 日本は資源を輸入して、製品を輸出している。

Japan imports resources and (　　　　　　　) **manufactured goods.**

⑥ その会社には米国に 300 人以上の販売代理人がいる。

The company has over 300 sales (　　　　　　　　　　　　) **in the**
United States.

⑦ その会社はニュースを通じて無料で宣伝することができた。

The company got free (　　　　　　　) **through the news.**

⑧ 彼は任務を成功裏に終わらせた報酬として 1 万ドルを与えられた。

He was given $10,000 as a (　　　　　　　) **for the successful completion**
of the tasks.

解答 ① surroundings (322)　② guarantee (324)　③ territories (328)　④ stock (321)　⑤ exports (323)
⑥ representatives (326)　⑦ publicity (325)　⑧ reward (327)

単語・熟語を読む ▶ 単語・熟語を書く ▶ フレーズの空所を埋める ▶ 単語・熟語・フレーズを聞く　》083

□ 329 動
～を買う余裕がある
afford
/əfɔ́ːrd/

a
家を買う余裕がない
can't (　　　　　　) a house

□ 330 動
～を預金する
deposit
/dipázit/

d
銀行に現金を預ける
(　　　　　　) cash in a bank

□ 331 名
候補者
candidate
/kǽndidət/

c
知事候補者
(　　　　　　) for governor

複数形が入ります。

□ 332 名
職務
duty
/djúːti/

d
公務
official (　　　　　　)

通例、複数形で用いられます。

□ 333 名
昇進
promotion
/prəmóuʃən/

p
～に昇進する
get a (　　　　　　) to ～

□ 334 動
投票をする
vote
/vóut/

v
その提案に賛成の投票をする
(　　　　) for the proposal

□ 335 形
発展した
developed
/divéləpt/

d
高度に発達した科学技術
highly (　　　　　　)
technology

「発達した、先進の」という意味も覚えておきましょう。

□ 336 副
効率的に
efficiently
/ifíʃəntli/

e
効率的に時間を使う
spend time (　　　　　　)

アクセント注意！

① あなたは次の選挙で誰に投票するつもりですか？

Who are you (　　　　　) for in the next election?

---

② ヒラリー・クリントンは民主党の 2016 年の大統領候補者だった。

Hillary Clinton was the presidential (　　　　　　　) of the Democratic Party in 2016.

---

③ 私の給料では新車を買う余裕はない。

I can't (　　　　　) a new car on my salary.

---

④ 彼は職務をうまく遂行した。

He carried out his (　　　　　) well.

---

⑤ 私は昨日、給料を銀行口座に預金した。

I (　　　　　　　) my paycheck in my bank account yesterday.

---

⑥ インドは 2030 年までには先進国と見なされるようになるだろう。

India will be considered a (　　　　　　　　) country by 2030.

---

⑦ その会社はとても効率的に経営されている。

The company is run very (　　　　　　　).

---

⑧ 取締役への彼の昇進が発表された。

They announced his (　　　　　　　) to director.

解答 ① voting (334)　② candidate (331)　③ afford (329)　④ duties (332)　⑤ deposited (330)
⑥ developed (335)　⑦ efficiently (336)　⑧ promotion (333)

MEMO

CHAPTER

4

思考・動作

Chapter 4では、英検2級の語句補充問題で頻出の、「思考・動作」関連の単語・熟語192を押さえていきます。長文問題でもよく登場しますので、確実に身につけておきましょう。

Day 22　思考・動作1

単語・熟語を読む ▶ 単語・熟語を書く ▶ フレーズの空所を埋める ▶ 単語・熟語・フレーズを聞く　🔊 085

□ 337　動
～を修理する
repair
/ripéər/

r
自転車を修理する
(　　　　　) **a bicycle**

□ 338　熟
～だと分かる
find out

f
その問題の解決策を見つけ出す
(　　　) (　　　　) **a solution to the problem**

この意味も押さえておきましょう。

□ 339　熟
～が原因で
because of

b
雨のため
(　　　　　) (　　) **rain**

この意味も押さえておきましょう。

□ 340　熟
～を確かめる
make sure

m
必ず彼に電話する
(　　　　) (　　　　) **to call him**

「必ず～する」という意味も押さえておきましょう。

□ 341　熟
～によれば
according to

a
その記事によれば
(　　　　　　) (　　) **the article**

□ 342　動
～を上げる
raise
/réiz/

r
手を挙げる
(　　　　) **one's hand**

□ 343　熟
～を思いつく
come up with

c
すごい計画を思いつく
(　　　　) (　　) (　　　　) **an amazing plan**

□ 344　動
～を申し出る
offer
/ɔ́:fər/

o
財政援助を申し出る
(　　　　) **financial aid**

Day 22

① 彼女は出かける時に、すべての窓に鍵がかけられているか確かめた。

She ( ) ( ) that all of the windows were locked when she left.

② 彼女はいい仕事の申し出を受けた。

She was ( ) a good job.

③ 最近の世論調査によると、大統領支持率は 50 パーセントに下がっている。

( ) ( ) a recent poll, the president's approval rating has dropped to 50 percent.

④ 資金不足が原因で、そのプロジェクトは何度か延期された。

The project was postponed several times ( ) ( ) a lack of funds.

⑤ 彼女が年齢について私にうそをついていたことが分かった。

I ( ) ( ) that she had been lying to me about her age.

⑥ 私は車を修理してもらう必要があるが、その余裕がない。

I need to have my car ( ) but can't afford it.

⑦ 私はその問題を解決する妙案を思いついた。

I've ( ) ( ) ( ) a good idea to solve the problem.

⑧ 新鮮な空気を入れるために彼女は窓を上げた。

She ( ) the window to let in fresh air.

解答
① made sure (340) ② offered (344) ③ According to (341) ④ because of (339)
⑤ found out (338) ⑥ repaired (337) ⑦ come up with (343) ⑧ raised (342)

単語・熟語を読む ▶ 単語・熟語を書く ▶ フレーズの空所を埋める ▶ 単語・熟語・フレーズを聞く   )) 087

□345 副
残念ながら
unfortunately
/ʌnfɔ́ːrtʃənətli/

u
彼にとっては残念なことだが
(   ) **for him**

□346 動
～を取り除く
remove
/rimúːv/

r
染みを取り除く
(   ) **stains**

□347 動
～を取り換える
replace
/ripléis/

r
パンクしたタイヤを取り換える
(   ) **a flat tire**

□348 動
～を提案する
suggest
/səgdʒést/

s
その計画を彼女に提案する
(   ) **the plan to her**

「～を薦める、～を勧める」という意味も覚えておきましょう。

□349 動
～に気がつく
notice
/nóutis/

n
窓ガラスにひびが入っているのに気づく
(   ) **a crack in the window**

□350 熟
(以前は)よく～したものだ
used to do

u
以前はよくコンサートに行ったものだ
(   )(   ) **go to concerts**

□351 動
～を予想する
expect
/ikspékt/

e
好結果を期待する
(   ) **a good result**

この意味も押さえておきましょう。

□352 動
～を解決する
solve
/sɑ́lv/

s
～の問題を解決する
(   ) **the problem of ～**

センテンスの空所を埋める ▶ センテンスを聞く)) 088

① 悩んでいては何も解決されない。

Worrying won't (　　　　) anything.

② 私は以前、月に1度はゴルフをしたものだ。

I (　　　) (　　) play golf once a month.

③ 残念ながら、彼はその試験に落ちた。

(　　　　　　　　　　　　), he failed the exam.

④ 私は昨日、芝の雑草取りをした。

I (　　　　　　) weeds from my lawn yesterday.

⑤ 私は割れた窓ガラスを新しい物に取り換えた。

I (　　　　　　) the broken windowpane with a new one.

⑥ 私は彼女が私に手を振っているのに気づいた。

I (　　　　　) her waving at me.

⑦ 彼女はそのフランス料理店を私に薦めた。

She (　　　　　　) the French restaurant to me.

⑧ 今後数日間、豪雨が予想されている。

Heavy rain is (　　　　　　) in the next couple of days.

解答 | ① solve (352) ② used to (350) ③ Unfortunately (345) ④ removed (346) ⑤ replaced (347)
⑥ noticed (349) ⑦ suggested (348) ⑧ expected (351)

単語・熟語を読む ▶ 単語・熟語を書く ▶ フレーズの空所を埋める ▶ 単語・熟語・フレーズを聞く))) 089

□ 353 動
〜を受け入れる
accept
/æksépt/

a

彼の考えを受け入れる
( ) **his idea**

□ 354 動
〜に気がつく
realize
/ríːəlàiz/

r

〜の危険性に気づく
( ) **the danger of 〜**

アクセント注意!

□ 355 動
〜を推薦する
recommend
/rèkəménd/

r

その CD を彼女に薦める
( ) **the CD to her**

アクセント注意!

□ 356 副
それにもかかわらず
nevertheless
/nèvərðəlés/

n

わずかだが重要な改善
a slight, but ( )
significant, improvement

アクセント注意!

□ 357 熟
〜を片づける
get rid of

g

古着を処分する
( ) ( ) ( ) **old clothes**

「〜を処分する、
〜を取り除く」という意味
も覚えておきましょう。

□ 358 動
〜を出す
serve
/sə́ːrv/

s

食事を出す
( ) **meals**

□ 359 動
〜を避ける
avoid
/əvɔ́id/

a

口論を避ける
( ) **a quarrel**

□ 360 動
〜を扱う
treat
/tríːt/

t

彼女を子どものように扱う
( ) **her like a kid**

Day 23

① 彼女はそのコンサルティング会社からの仕事の申し出を受け入れた。

She (　　　　　　　　　) the job offer from the consulting firm.

---

② 彼女は熱があったにもかかわらず仕事へ行った。

She had a fever; (　　　　　　　　　　) she went to work.

---

③ タナカ先生はその本を生徒たちに薦めた。

Ms. Tanaka (　　　　　　　　　　) the book to her students.

---

④ そのディナーではおいしいデザートが出された。

Delicious dessert was (　　　　　　　) at the dinner.

---

⑤ 私をおばかさんのように扱わないでください。

Don't (　　　　) me like a fool.

---

⑥ その医者は私に脂っこい食べ物を避けるように忠告した。

The doctor advised me to (　　　　) oily foods.

---

⑦ コンピューターウイルスの削除の仕方を知っていますか？

Do you know how to (　　　)(　　　)(　　) computer viruses?

---

⑧ 彼は自分が間違っていたことにようやく気づいた。

He finally (　　　　　　　) that he had been wrong.

解答　① accepted (353)　② nevertheless (356)　③ recommended (355)　④ served (358)
　　　⑤ treat (360)　⑥ avoid (359)　⑦ get rid of (357)　⑧ realized (354)

Day 23　思考・動作2

単語・熟語を読む ▶ 単語・熟語を書く ▶ フレーズの空所を埋める ▶ 単語・熟語・フレーズを聞く　　》091

□ 361　名
理由
reason
/ríːzn/

r
彼の欠席の理由
the (　　　　　　) for his absence

□ 362　動
〜に餌を与える
feed
/fíːd/

f
1日2度ネコに餌を与える
(　　　　) a cat twice a day

□ 363　動
〜を計画する
organize
/ɔ́ːrɡənàiz/

o
ピクニックを計画する
(　　　　　　　) a picnic

□ 364　熟
〜に取り組む
work on

w
車を修理する
(　　　　)(　　　) a car

「車に取り組む」→
「車を修理する」
となります。

□ 365　熟
〜することになっている
be supposed to do

be s
午前10時に来ることになっている
be (　　　　　　　)(　　　) come at 10 a.m.

□ 366　熟
例えば
for instance

f
例として〜を挙げる
take 〜 (　　　)(　　　　　　)

□ 367　熟
他方では
on the other hand

o
一方で〜だが、他方では…
On the one hand 〜, but (　　)(　　　)(　　　　)
(　　　　) …

□ 368　名
決定
decision
/disíʒən/

d
決定を下す
make a (　　　　　　)

発音注意！

107

センテンスの空所を埋める ▶ センテンスを聞く 》092

① その会議は 2 年ごとに開催されることになっている。

The conference is (　　　　　　　) (　　) be held every two years.

② その労働組合は明日、ストライキを計画している。

The union is (　　　　　　) a strike for tomorrow.

③ 私は飼い犬に餌を与えるのを忘れた。

I forgot to (　　　) my dog.

④ 経済はまだ減速している。例えば、小売売上高は 5 カ月連続で下落している。

The economy is still slowing. (　　　) (　　　　　　　　), retail sales have fallen for the fifth consecutive month.

⑤ 委員会はその問題に関して来週、最終決定を下す予定だ。

The committee will make a final (　　　　　) on the matter next week.

⑥ 景気後退は底を打ったが、他方で失業率はいまだに上昇している。

The recession has hit bottom, but (　　) (　　) (　　　) (　　　), the unemployment rate is still increasing.

⑦ 何らかの理由で、彼はその会社を辞めることを決めた。

For some (　　　　　), he decided to leave the company.

⑧ 政府は環境問題により積極的に取り組むべきだ。

The government should (　　　) (　　) environmental issues more actively.

解答 | ① supposed to (365)　② organizing (363)　③ feed (362)　④ For instance (366)
　　　⑤ decision (368)　⑥ on the other hand (367)　⑦ reason (361)　⑧ work on (364)

単語・熟語を読む ▶ 単語・熟語を書く ▶ フレーズの空所を埋める ▶ 単語・熟語・フレーズを聞く　　♪ 093

□ 369　動
〜を見分ける
recognize
/rékəgnàiz/

r
病気の症状を見分ける
(　　　　　　　　) **symptoms**
of diseases

アクセント注意！

□ 370　熟
〜し続ける
continue to do

c
存続する
(　　　　　　) (　　) **exist**

□ 371　名
意見
view
/vjú:/

v
〜という意見を述べる
express the (　　　　) **that 〜**

□ 372　熟
〜について不満を言う
complain about

c
仕事について不満を言う
(　　　　　　　　) (　　　　　　)
one's job

「〜について苦情を言う」という意味も覚えておきましょう。

□ 373　名
努力
effort
/éfərt/

e
〜しようと努力する
make an (　　　　　) **to do 〜**

□ 374　動
〜を交換する
exchange
/ikstʃéindʒ/

e
電話番号を交換し合う
(　　　　　　) **phone numbers**

□ 375　動
〜の準備をする
arrange
/əréindʒ/

a
会議の準備をする
(　　　　　) **a meeting**

□ 376　動
〜を破壊する
destroy
/distrɔ́i/

d
建物を破壊する
(　　　　　) **a building**

センテンスの空所を埋める ▶ センテンスを聞く 　　　　　　　　　　　　　　　　　)) 094

① 私たちは私たちの結婚式の準備中だ。

We are (　　　　　　　　　　) **our wedding.**

② あなたは英語を上達させるためにあらゆる努力をするべきだ。

You should make every (　　　　　) **to improve your English.**

③ 新生児は母親の声が分かる。

Newborns can (　　　　　　　) **their mother's voice.**

④ 住民たちはその建設現場からの騒音に苦情をもらしている。

Residents have (　　　　　　　　) (　　　　　　) **the noise from the construction site.**

⑤ その国の経済は今後 10 年間は年率 5 パーセント程度で成長し続けるだろう。

The country's economy will (　　　　　　) (　　) **grow at an annual rate of about 5 percent in the coming 10 years.**

⑥ 私たちはその件に関して意見交換をした。

We had an exchange of (　　　　　) **on the matter.**

⑦ その橋は洪水で完全に破壊された。

The bridge was completely (　　　　　　　) **by flooding.**

⑧ 私はそのシャツを大きいサイズに交換した。

I (　　　　　　　) **the shirt for a larger size.**

解答 | ① arranging (375) ② effort (373) ③ recognize (369) ④ complained about (372)
⑤ continue to (370) ⑥ views (371) ⑦ destroyed (376) ⑧ exchanged (374)

単語・熟語を読む ▶ 単語・熟語を書く ▶ フレーズの空所を埋める ▶ 単語・熟語・フレーズを聞く　♪)) 095

□377 動
〜を疑う
doubt
/dáut/

d
彼女の能力を疑う
(　　　　　　) **her ability**

発音注意！

□378 熟
〜することを避ける
avoid doing

a
過食を避ける
(　　　　) **eating too much**

□379 形
がっかりした
disappointed
/dìsəpɔ́intid/

d
がっかりした顔
a (　　　　　　　　　) **face**

□380 熟
〜に集中する
focus on

f
仕事に集中する
(　　　) (　　) **one's job**

□381 熟
〜を探す
search for

s
駐車場を探す
(　　　　　) (　　) **a parking place**

□382 動
〜を行う
perform
/pərfɔ́:rm/

p
仕事を行う
(　　　　　　) **a task**

□383 動
〜を修理する
fix
/fíks/

f
自転車を修理する
(　　) **a bicycle**

□384 動
〜に従う
follow
/fálou/

f
彼のアドバイスに従う
(　　　　　) **his advice**

センテンスの空所を埋める ▶ センテンスを聞く　　　　　　　　　　　　　　　》096

① 私はそのチームに選ばれなくて本当にがっかりした。

I was really (　　　　　　　　　　　　) not to be chosen for the team.

---

② 彼の言葉を疑う理由は何もない。

There is no reason to (　　　　　) his word.

---

③ 彼の手術は来週行われる予定だ。

His surgery will be (　　　　　　　　　) next week.

---

④ 全生徒は校則に従わなければならない。

All students must (　　　　) school rules.

---

⑤ 彼女は明らかに私と目を合わせるのを避けようとしていた。

She was obviously trying to (　　　　) seeing me.

---

⑥ 私は疲れ過ぎていて、勉強に集中できない。

I can't (　　　) (　　) my studies because I'm so tired.

---

⑦ 救助隊員らは 8 人の行方不明者を現在も探している。

Rescuers are still (　　　　　　　) (　　　) eight missing people.

---

⑧ 私は修理工にコンピューターを修理してもらった。

I had a repairman (　　) my computer.

解答　① disappointed (379)　② doubt (377)　③ performed (382)　④ follow (384)　⑤ avoid (378)
　　　　　⑥ focus on (380)　⑦ searching for (381)　⑧ fix (383)

単語・熟語を読む ▶ 単語・熟語を書く ▶ フレーズの空所を埋める ▶ 単語・熟語・フレーズを聞く　》097

□385 動
〜をよく考える
consider
/kənsídər/

c
何をすべきかよく考える
(　　　　　　) **what to do**

アクセント注意!

□386 動
〜を要請する
request
/rikwést/

r
許可を求める
(　　　　) **permission**

□387 熟
〜を実行する
carry out

c
攻撃を実行する
(　　　)(　　　) **the attack**

□388 熟
きっと〜する
be sure to do

be s
きっと勝つ
be (　　　)(　　) **win**

□389 熟
〜を提出する
hand in

h
小論文を提出する
(　　　)(　　) **one's essay**

□390 熟
〜に頼る
rely on

r
親に金銭的支援を頼る
(　　　)(　　) **one's parents for financial support**

□391 熟
A を B に貼りつける
attach A to B

a
はがきに切手を貼りつける
(　　　　) **a stamp** (　　) **the postcard**

□392 熟
〜に気づいている
be aware of

be a
薬物の危険性に気づいている
be (　　　　)(　　) **the dangers of drugs**

「〜を承知している」という意味も覚えておきましょう。

113

センテンスの空所を埋める ▶ センテンスを聞く 　　　　　　　　　　　　　　　　　》098

① その大臣は辞表を提出して、了承された。

The minister (　　　　　　) (　　) his resignation and it was accepted.

② 警察は犯罪現場の捜査を行った。

The police (　　　　　) (　　) a search of the crime scene.

③ 彼女は自分の将来の仕事について考えている。

She is (　　　　　　　　) her future career.

④ 勤勉なので、彼はきっと成功するだろう。

With his hard work, he is (　　　) (　) succeed.

⑤ 彼は写真を履歴書に貼った。

He (　　　　　) a photo (　　) his résumé.

⑥ 彼女は自分の短所が分かっている。

She is (　　　　) (　　) her shortcomings.

⑦ 日本は食料の大半を輸入に頼っている。

Japan (　　　　) (　　) imports for the majority of its food.

⑧ その会社は銀行からの資金援助を要請した。

The company (　　　　　　　　) financial assistance from banks.

解答 | ① handed in (389) 　② carried out (387) 　③ considering (385) 　④ sure to (388)
　　　 ⑤ attached, to (391) 　⑥ aware of (392) 　⑦ relies on (390) 　⑧ requested (386)

単語・熟語を読む ▶ 単語・熟語を書く ▶ フレーズの空所を埋める ▶ 単語・熟語・フレーズを聞く　))) 099

□ 393 　動
〜に感謝する
appreciate
/əprí:ʃièit/

a
彼女の助けに感謝する
(　　　　　　　　　　) her help

□ 394 　形
肯定的な
positive
/pázətiv/

p
積極的な態度
a (　　　　　　　) attitude

この意味も押さえて
おきましょう。

□ 395 　形
動揺した
upset
/ʌpsét/

u
そのニュースを聞いて動揺している
be (　　　　　) about the news

アクセント注意！

□ 396 　副
従って
therefore
/ðéərfɔ̀ːr/

t
〜なので…
〜 and (　　　　　　　　　) . . .

「〜で、従って…」
から「〜なので…」
となります。

□ 397 　熟
〜を指摘する
point out

p
彼女の間違いを指摘する
(　　　　) (　　　　) her mistake

□ 398 　熟
〜を設置する
set up

s
記念碑を建てる
(　　　) (　　　) a monument

この意味も押さえて
おきましょう。
set up a tent なら
「テントを張る」となります。

□ 399 　熟
〜することが好きである
prefer to do

p
自分で料理を作るのが好きである
(　　　　　) (　　) cook for oneself

□ 400 　熟
〜が原因で
due to

d
経験不足のため
(　　　) (　　) one's lack of experience

この意味も
押さえて
おきましょう。

Day 25

① 手伝っていただけるとありがたいのですが。

I'd (　　　　　　　) it if you could give me a hand.

② 事故が原因で、その高速道路は大渋滞していた。

There was a huge traffic jam on the freeway (　　) (　) an accident.

③ 彼らは暗くなる前にテントを張った。

They (　　) (　　) their tents before dark.

④ その女性はお金をなくして明らかに動揺していた。

The woman was apparently (　　　　) about losing money.

⑤ 彼はバスに乗り遅れたので、学校に遅刻した。

He missed the bus and (　　　　　) was late for school.

⑥ 私はスポーツを見るよりはするほうが好きだ。

I (　　　　) (　) play rather than watch sports.

⑦ 気候変動は人間の活動の結果であると多くの科学者が指摘している。

Many scientists (　　　) (　　) that climate changes are a result of human activities.

⑧ その製品に関する顧客の反応は肯定的なものだ。

Customer feedback on the product is (　　　　　).

解答　① appreciate (393)　② due to (400)　③ set up (398)　④ upset (395)　⑤ therefore (396)
⑥ prefer to (399)　⑦ point out (397)　⑧ positive (394)

116

Day 26 思考・動作5

CHAPTER 1 CHAPTER 2 CHAPTER 3 CHAPTER 4 CHAPTER 5 CHAPTER 6

単語・熟語を読む ▶ 単語・熟語を書く ▶ フレーズの空所を埋める ▶ 単語・熟語・フレーズを聞く ◆)) 101

□ 401 動
続く
continue
/kəntínju:/

c
数カ月間続く
(   ) **for several months**

アクセント注意！

□ 402 動
〜を無視する
ignore
/ignɔ́:r/

i
規則を無視する
(   ) **rules**

□ 403 動
〜を予測する
predict
/pridíkt/

p
経済成長を予測する
(   ) **economic growth**

発音注意！

□ 404 熟
〜に申し込む
apply for

a
その課程に申し込む
(   ) (   ) **the course**

「〜に応募する」という意味も覚えておきましょう。

□ 405 熟
〜に集中する
concentrate on

c
仕事に集中する
(   ) (   ) **one's work**

□ 406 熟
〜に言及する
refer to

r
子どものころのことに言及する
(   ) (   ) **one's childhood**

□ 407 熟
A を B に加える
add A to B

a
塩をスープに加える
(   ) **salt** (   ) **the soup**

□ 408 熟
A に B を提供する
provide A with B

p
患者たちにマスクを提供する
(   ) **patients** (   ) **masks**

「A に B を供給する」という意味も覚えておきましょう。

117

Day 26

① その会社はスプリンクラー装置を設置せよという指示を無視した。

The company (　　　　　　　) an instruction to install a sprinkler system.

---

② 難民たちには国連によって食料が供給された。

The refugees were (　　　　　　　) (　　　) food by the UN.

---

③ 彼は自分の過去の経験についてよく話す。

He often (　　　　　) (　　) his past experiences.

---

④ エコノミストたちは金利は下がるだろうと予測している。

Economists are (　　　　　　　　) that interest rates will fall.

---

⑤ この雨は数日間続くと予想されている。

The rain is expected to (　　　　　　) for a couple of days.

---

⑥ テレビを消して、宿題に集中しなさい。

Turn off the TV and (　　　　　　　　) (　　) your homework.

---

⑦ 30人を超える志願者がその職に応募してきた。

More than 30 candidates have (　　　　　) (　　) the position.

---

⑧ 毎日、新しい情報がインターネットに加えられる。

New information is (　　　　) (　　) the Internet every day.

解答　① ignored (402)　② provided with (408)　③ refers to (406)　④ predicting (403)
　　　⑤ continue (401)　⑥ concentrate on (405)　⑦ applied for (404)　⑧ added to (407)

単語・熟語を読む ▶ 単語・熟語を書く ▶ フレーズの空所を埋める ▶ 単語・熟語・フレーズを聞く　 ♪) 103

□ 409 熟
A に～することを強制する
force A to do

f
彼女に彼と結婚することを強いる
(　　　　　) her (　　　) marry
him

「A に～することを
余儀なくする」という
意味も覚えておきましょう。

□ 410 動
～を採用する
adopt
/ədápt/

a
新しい技術を採用する
(　　　　　　) a new technology

□ 411 動
～に言及する
mention
/ménʃən/

m
前述の通り
as (　　　　　　　) above

「先に言及されたように」
からこの意味になります。
過去分詞形が入ります。

□ 412 動
～を尊敬する
respect
/rispékt/

r
彼女の業績を尊敬する
(　　　　　) her for her achievements

□ 413 動
～を驚かす
surprise
/sərpráiz/

s
両親を驚かす
(　　　　　) one's parents

□ 414 熟
～を処理する
deal with

d
その問題を処理する
(　　　) (　　　　) the problem

「～に対処する」
という意味も
覚えておきましょう。

□ 415 動
～を詳しく説明する
describe
/diskráib/

d
その事故を詳しく説明する
(　　　　　　) the accident

□ 416 熟
～を車で迎えに行く
pick up

p
空港まで彼を車で迎えに行く
(　　　) him (　　　) at the airport

① あなたが見たことを詳しく説明してください。

Please (　　　　　　　) what you saw.

② 私は彼を、医者としてだけでなく人としても非常に尊敬している。

I highly (　　　　　　) him as a person as well as a physician.

③ そのハリケーンで5万人以上の人々が自宅から避難することを余儀なくされた。

The hurricane (　　　　　) over 50,000 people (　　) evacuate their homes.

④ 駅まで私を車で迎えに来て、家に送ってくれますか？

Could you (　　　) me (　　) at the station and drive me home?

⑤ 私たちは気候変動に対処する方法を見つける必要がある。

We need to find ways to (　　　) (　　　) climate change.

⑥ 彼らの結婚は多くの人を驚かせた。

Their marriage (　　　　　　) many people.

⑦ その政治家は政界から引退すると述べた。

The politician (　　　　　　) that he would retire from politics.

⑧ 政府は新しい経済政策を採用すべきだ。

The government should (　　　) a new economic policy.

解答 | ① describe (415)　② respect (412)　③ forced, to (409)　④ pick, up (416)　⑤ deal with (414)
⑥ surprised (413)　⑦ mentioned (411)　⑧ adopt (410)

単語・熟語を読む ▶ 単語・熟語を書く ▶ フレーズの空所を埋める ▶ 単語・熟語・フレーズを聞く　♪) 105

□ 417 熟
〜に反応する
react to

r_____

刺激に反応する
(　　　　　) (　　) a stimulus

□ 418 熟
どうにか〜する
manage to do

m_____

どうにかその仕事を終える
(　　　　　　) (　　) finish the job

□ 419 熟
〜に侵入する
break into

b_____

その店に侵入する
(　　　　) (　　　　) the store

□ 420 熟
快く〜する
be willing to do

be w_____

快く彼女を手伝う
be (　　　　　) (　　) help her

「〜するのをいとわない」という意味も覚えておきましょう。

□ 421 熟
決して〜でない
by no means

b_____

決して愚か者ではない
be (　　) (　　) (　　　　　) stupid

□ 422 動
〜の邪魔をする
disturb
/distə́:rb/

d_____

彼女の睡眠を妨げる
(　　　　　) her sleep

この意味も押さえておきましょう。

□ 423 動
〜を示す
indicate
/índikèit/

i_____

承認の意思を表す
(　　　　　) one's approval

この意味も押さえておきましょう。

□ 424 動
〜を断る
refuse
/rifjú:z/

r_____

彼の申し出を断る
(　　　　　) his offer

発音注意！

Day 27

① 彼女は彼のプロポーズを断った。

She（　　　　　　　）his proposal.

② 彼は目標を達成するためには何をするのもいとわなかった。

He was（　　　　　）（　　）do anything to achieve his goal.

③ 被告は評決に怒りの反応を示した。

The defendant（　　　　　　）angrily（　　）the verdict.

④ そのパイロットはどうにか飛行機をハドソン川に無事着陸させた。

The pilot（　　　　　　　　）（　　）land the plane safely on the Hudson River.

⑤ 景気後退は決して終わっていない。

The recession is（　　）（　　）（　　　　　）over.

⑥ 仕事をしている時は私の邪魔をしないでください。

Don't（　　　　　　）me when I'm working.

⑦ 私が外出中に何者かが家に侵入した。

Someone（　　　　　）（　　　）my house while I was out.

⑧ このデータは日本経済が回復していることを示している。

This data（　　　　　　　）that the Japanese economy is recovering.

解答　① refused (424)　② willing to (420)　③ reacted, to (417)　④ managed to (418)
⑤ by no means (421)　⑥ disturb (422)　⑦ broke into (419)　⑧ indicates (423)

単語・熟語を読む ▶ 単語・熟語を書く ▶ フレーズの空所を埋める ▶ 単語・熟語・フレーズを聞く ◎ 107

□ 425 副
さもなければ
otherwise
/ʌ́ðərwàiz/

o

～したほうがいい。さもなければ…
You had better do ～; ( ), . . .

□ 426 熟
～に頼る
count on

c

彼の助けに頼る
( ) ( ) his help

□ 427 熟
～を尊敬する
look up to

l

両親を尊敬する
( ) ( ) ( ) one's parents

□ 428 熟
～を固守する
stick to

s

約束を固く守る
( ) ( ) one's promise

□ 429 熟
～に立ち寄る
stop by

s

本屋に立ち寄る
( ) ( ) a bookstore

□ 430 熟
A を B と見なす
regard A as B

r

その実験を失敗と見なす
( ) the experiment ( ) a failure

□ 431 熟
電話を切らずに待つ
hold the line

h

電話を切らずにしばらく待つ
( ) ( ) ( ) a minute

□ 432 熟
約束を守る
keep one's word

k

約束を守らない
fail to ( ) ( ) ( )

センテンスの空所を埋める ▶ センテンスを聞く))) 108

① 一度決心したなら、あなたはそれを固守すべきだ。

Once you make a decision, you should (　　　) (　) it.

② 今すぐ出かけないと、授業に遅れますよ。

You should leave now; (　　　　　　　), you'll be late for class.

③ ボストン交響楽団は世界で最高のオーケストラの１つと見なされている。

The Boston Symphony Orchestra is (　　　　　　) (　　) one of the world's great orchestras.

④ 電話を切らずにお待ちいただけますか？

Could you (　　　) (　　　) (　　　), please?

⑤ 彼は約束を守らないことがよくある。

He often doesn't (　　　) (　　) (　　　).

⑥ 彼は父親を尊敬している。

He (　　　) (　　) (　) his father.

⑦ いつでも私に頼ってくれていいですよ。

You can always (　　　) (　) me.

⑧ 家に帰る途中にクリーニング屋さんに寄ってくれますか？

Could you (　　　) (　　) the dry cleaner on your way home?

解答 ① stick to (428) ② otherwise (425) ③ regarded as (430) ④ hold the line (431)
⑤ keep his word (432) ⑥ looks up to (427) ⑦ count on (426) ⑧ stop by (429)

□ 433　熟
到着する
make it

m
仕事に間に合う
(　　　　　) (　　) **to work**

この意味も押さえておきましょう。

□ 434　熟
〜に注意を払う
pay attention to

p
安全に注意を払う
(　　　) (　　　　　　　) (　　) **safety**

□ 435　熟
お返しに
in return

i
お返しに何も要求しない
ask for nothing (　　) (　　　　　)

□ 436　名
試み
attempt
/ətémpt/

a
〜しようと試みる
make an (　　　　　) **to do 〜**

「挑戦」という意味も覚えておきましょう。

□ 437　名
許可
permission
/pərmíʃən/

p
彼に〜することを許可する
give him (　　　　　　) **to do 〜**

□ 438　動
〜を非難する
criticize
/krítəsàiz/

c
怠けていることで彼を非難する
(　　　　　　) **him for being lazy**

□ 439　熟
〜に賛成する
agree with

a
その提案に賛成する
(　　　　) (　　　　) **the proposal**

□ 440　熟
〜に進む
head for

h
〜に真っすぐ進む
(　　　　) **straight** (　　　) 〜

「〜に向かう」という意味も覚えておきましょう。

センテンスの空所を埋める ▶ センテンスを聞く　　　　　　　　　　　　　》110

① 彼女は私に英語を教え、そのお返しに私は彼女に日本語を教えた。

She taught me English and I taught her Japanese (　　) (　　　　　　).

② 建物が密集した地区を運転している時は、歩行者に注意してください。

(　　　　) (　　　　　　　　　) (　　) **pedestrians when driving in built-up areas.**

③ 彼女は最終列車に遅れずに駅に着いた。

She (　　　　　) (　　) **to the station in time to catch the last train.**

④ 彼女の両親は彼女がそのパーティーに行くことを許可した。

Her parents gave her (　　　　　　　　　) **to go to the party.**

⑤ 彼は 3 度目の挑戦でその試験に合格した。

He passed the exam on his third (　　　　　).

⑥ 彼は家に帰ると、冷蔵庫に真っすぐ向かった。

He got home and (　　　　　) **straight** (　　　) **the refrigerator.**

⑦ あなたは政府の経済政策に賛成ですか？

Do you (　　　　) (　　　　) **the government's economic policy?**

⑧ 米国政府はハリケーン・カトリーナへの対応が遅れたことで非難された。

The US government was (　　　　　　　) **for its slow response to Hurricane Katrina.**

解答　　① in return (435)　② Pay attention to (434)　③ made it (433)　④ permission (437)
　　　　⑤ attempt (436)　⑥ headed, for (440)　⑦ agree with (439)　⑧ criticized (438)

Day 28 | 思考・動作7

CHAPTER 1 CHAPTER 2 CHAPTER 3 **CHAPTER 4** CHAPTER 5 CHAPTER 6

単語・熟語を読む ▶ 単語・熟語を書く ▶ フレーズの空所を埋める ▶ 単語・熟語・フレーズを聞く ♪ 111

□ 441 熟
～を思いつく
hit on

h
妙案を思いつく
(　　　)(　　　) **a good idea**

□ 442 熟
A を B と関連づける
connect A with B

c
その犯罪に関連した証拠
evidence (　　　　　　)
(　　　　　) **the crime**

過去分詞形が
入ります。

□ 443 熟
A に B を思い出させる
remind A of B

r
彼にその会議を思い出させる
(　　　　　　) **him** (　　) **the meeting**

□ 444 熟
～しようとしている
be about to do

be a
始まろうとしている
be (　　　　　)(　　) **start**

□ 445 熟
～から目を離さないでいる
keep an eye on

k
手荷物から目を離さないでいる
(　　　)(　　)(　　　)(　　) **one's luggage**

□ 446 熟
A を実行する
put A into practice

p
その計画を実行する
(　　　) **the plan** (　　　)(　　　　　)

□ 447 熟
言い換えれば
in other words

i
～ということは、言い換えれば、…
～ — (　　)(　　　　)(　　　　) **...**

□ 448 熟
手短に言うと
in short

i
手短に言うと、～
(　　)(　　　　), **～.**

127

① 新しい経済政策は来月、実行される予定だ。

The new economic policies will be (　　　) (　　　) (　　　　　) next month.

② 彼女が電話をしてきた時、私は出かけようとしているところだった。

I was (　　　　) (　　) leave when she called.

③ 警察はその容疑者をその地域で最近起きたほかの窃盗事件と関連づけている。

Police have (　　　　　　　) the suspect (　　　) other recent thefts in the area.

④ 失業率が低下した。言い換えれば、経済が回復しているということだ。

The unemployment rate has fallen. (　) (　　　　) (　　　　), the economy is recovering.

⑤ 手短に言えば、私の答えは「イエス」だ。

(　) (　　　　), my answer is "yes."

⑥ ビーチにいる間は所持品から目を離さないでいてください。

Please (　　　) (　) (　　) (　) your belongings while on the beach.

⑦ この写真を見ると私は子どものころを思い出す。

This photo (　　　　　　) me (　) my childhood.

⑧ 彼女はその問題の解決策を思いついた。

She (　　) (　) a solution to the problem.

解答 | ① put into practice (446)　② about to (444)　③ connected, with (442)　④ In other words (447)
　　　　　⑤ In short (448)　⑥ keep an eye on (445)　⑦ reminds, of (443)　⑧ hit on (441)

Day 29　思考・動作8

単語・熟語を読む ▶ 単語・熟語を書く ▶ フレーズの空所を埋める ▶ 単語・熟語・フレーズを聞く ♪ 113

□ 449　熟
故意に
on purpose

o

故意に規則を破る
break the rules (　　) (　　　　　)

□ 450　熟
〜にもかかわらず
in spite of

i

身体障害にもかかわらず
(　) (　　　　) (　) one's disabilities

□ 451　名
信頼
confidence
/kánfədəns/

c

彼女の信頼を得る
win her (　　　　　　)

□ 452　名
予想
forecast
/fɔ́ːrkæst/

f

予想する
make a (　　　　　)

「予報」という意味も覚えておきましょう。

□ 453　動
〜だと主張する
argue
/áːrgjuː/

a

彼は無罪だと主張する
(　　　　　) that he is innocent

□ 454　動
〜を共有する
share
/ʃéər/

s

共通の目標を共有する
(　　　　) a common goal

□ 455　熟
〜に頼る
depend on

d

彼に助けを頼る
(　　　　　) (　) him for help

□ 456　熟
〜を消す
put out

p

明かりを消す
(　　) (　) the lights

Day 29

① 国民の 70 パーセント近くが政府を信頼しなくなっている。

Nearly 70 percent of the citizens have lost (　　　　　　　　) in the government.

② できるだけ多くの情報を共有することが重要だ。

It is important to (　　　　) as much information as possible.

③ その大臣は教育改革が必要だと主張している。

The minister has (　　　　　　) that educational reform is necessary.

④ その行事は悪天候にもかかわらず開催された。

The event was held (　　) (　　　　　) (　　) bad weather.

⑤ 天気予報では明日は雨が降ると言っていた。

The weather (　　　　　　　) said it was going to rain tomorrow.

⑥ その火事を消すのに 4 時間かかった。

It took four hours to (　　　　) the fire (　　　　).

⑦ 日本は石油の 90 パーセント近くを中東に頼っている。

Japan (　　　　　　　　) (　　　) the Middle East for nearly 90 percent of its oil.

⑧ 彼は故意にそれをしたのですか、それとも偶然だったのですか？

Did he do it (　　　) (　　　　　　　　) or was it an accident?

解答 | ① confidence (451)　② share (454)　③ argued (453)　④ in spite of (450)　⑤ forecast (452)
　　　⑥ put, out (456)　⑦ depends on (455)　⑧ on purpose (449)

単語・熟語を読む ▶ 単語・熟語を書く ▶ フレーズの空所を埋める ▶ 単語・熟語・フレーズを聞く　◄》115

□ 457 熟
〜を発送する
send out

s.

パンフレットを発送する
(　　　　) (　　　　) **brochures**

□ 458 熟
〜を提出する
turn in

t.

宿題を提出する
(　　　　) (　　) **one's homework**

□ 459 熟
〜を理解する
work out

w.

問題の原因を理解する
(　　　　) (　　) **the cause of the problem**

□ 460 形
柔軟な
flexible
/fléksəbl/

f.

柔軟な精神
a (　　　　　　　) **mind**

□ 461 動
〜だと主張する
claim
/kléim/

c.

彼女は有罪だと主張する
(　　　　) **that she is guilty**

□ 462 動
〜を強調する
emphasize
/émfəsàiz/

e.

〜の必要性を強調する
(　　　　　　) **the need for 〜**

□ 463 熟
〜に移る
move on to

m.

議題の次の項目に移る
(　　　) (　　) (　) **the next item on the agenda**

□ 464 熟
〜を選ぶ
pick out

p.

パーティーのためのドレスを選ぶ
(　　　) (　　) **a dress for the party**

① 大統領は医療改革の重要性を強調した。

The president (　　　　　　　　　) the importance of health care reform.

② 彼はその報告書を上司に提出した。

He (　　　　　) (　　) the report to his supervisor.

③ 次の練習に移りましょう。

Let's (　　　　) (　　) (　　) the next exercise.

④ 柔軟な発想は効果的な問題解決に必要だ。

(　　　　　　　) thinking is necessary for effective problem solving.

⑤ 招待状をもう発送しましたか？

Have you (　　　　) (　　　) the invitations yet?

⑥ 私は妻へのプレゼントを選びにデパートへ行った。

I went to the department store to (　　　) (　　　) a present for my wife.

⑦ 彼女はそのことについては何も知らないと主張している。

She (　　　　　) that she knows nothing about it.

⑧ 何が起きているのかを理解するのに、私は少し時間がかかった。

It took me a while to (　　　　) (　　　) what was going on.

解答 | ① emphasized (462)　② turned in (458)　③ move on to (463)　④ Flexible (460)
⑤ sent out (457)　⑥ pick out (464)　⑦ claims (461)　⑧ work out (459)

単語・熟語を読む ▸ 単語・熟語を書く ▸ フレーズの空所を埋める ▸ 単語・熟語・フレーズを聞く 117

□465 熟
~に返答する
respond to

r

電子メールに返事を書く
(　　　　　)(　　) **an e-mail**

□466 熟
~に申し込む
sign up for

s

ヨガ教室に申し込む
(　　　)(　　)(　　) **a yoga lesson**

□467 熟
待機する
stand by

s

離陸に備えて待機する
(　　　　)(　　) **for takeoff**

□468 熟
~するふりをする
pretend to do

p

何も知らないふりをする
(　　　　　)(　　) **know nothing**

□469 熟
考え直す
have second thoughts

h

彼との結婚について考え直す
(　　　)(　　　　)(　　　　　　) **about marrying him**

□470 熟
要を得た
to the point

t

要領よく~を説明する
explain ~ (　　)(　　)(　　　)

□471 熟
~に関しては
as for

a

別の件に関しては
(　　)(　　) **the other matter**

「~について言えば」
という意味も覚えて
おきましょう。

□472 熟
~のために
for the sake of

f

安全のため
(　　)(　　)(　　　)(　　) **safety**

① 彼女は夫と一緒に暮らすために仕事を辞めた。

She quit her job (   ) (   ) (   ) (   ) **living with her husband.**

② 彼は転職について考え直した。

He (   ) (   ) (   ) **about changing jobs.**

③ あなたの仕事の1つは顧客からの問い合わせに返答することだ。

One of your jobs is to (   ) (   ) **questions from customers.**

④ 搭乗するため待機してください。

Please (   ) (   ) **to board.**

⑤ 50人近くがその英語講座に申し込んだ。

Nearly 50 people have (   ) (   ) (   ) **the English course.**

⑥ この報告書は簡潔で要を得ている。

This report is concise and (   ) (   ) (   ).

⑦ 私について言えば、クラシック音楽は好きではない。

(   ) (   ) **me, I don't like classical music.**

⑧ 彼は病気のふりをした。

He (   ) (   ) **be sick.**

解答　① for the sake of (472)　② had second thoughts (469)　③ respond to (465)　④ stand by (467)
⑤ signed up for (466)　⑥ to the point (470)　⑦ As for (471)　⑧ pretended to (468)

単語・熟語を読む ▶ 単語・熟語を書く ▶ フレーズの空所を埋める ▶ 単語・熟語・フレーズを聞く 　》119

□473 名
習慣
habit
/hǽbit/

h

～することを習慣にしている

be in the (　　　　) of doing ～

□474 形
野心のある
ambitious
/æmbíʃəs/

a

野心のある政治家

an (　　　　　　) politician

□475 動
～を断念する
abandon
/əbǽndən/

a

～する試みを断念する

(　　　　　　) one's attempt to do ～

□476 動
～を取りつける
install
/instɔ́:l/

i

エアコンを取りつける

(　　　　　) an air conditioner

□477 熟
～をわびる
apologize for

a

間違いをわびる

(　　　　　　)(　　　) one's mistake

□478 熟
～を試着する
try on

t

スーツを試着する

(　　　) the suit (　　　)

□479 熟
A を説得して～させる
persuade A to do

p

彼女を説得して医者に行かせる

(　　　　　　) her (　　) go to the doctor

□480 熟
A を覚えている
keep A in mind

k

彼女の名前を覚えている

(　　　　　) her name (　　)(　　　　　)

Day 30

① 私は遅刻したことを彼にわびた。

I (　　　　　　　　　　) to him (　　) being late.

② 自動車事故の後、彼女はバレエダンサーとしてのキャリアを断念しなければならなかった。

She had to (　　　　　　　) her career as a ballet dancer after a car accident.

③ 彼は野心のある若き起業家だ。

He is an (　　　　　　　) young entrepreneur.

④ 私は考えを変えるよう彼を説得できなかった。

I couldn't (　　　　　　　) him (　　) change his mind.

⑤ 彼女はサイズが合うかそのドレスを試着した。

She (　　　　) the dress (　　) for size.

⑥ あなたは夜更かしの習慣をやめたほうがいい。

You should break the (　　　　) of staying up late.

⑦ 煙探知器はすべての家庭に取りつけられなければならない。

Smoke detectors must be (　　　　　　　) in every home.

⑧ インターネットでの通信は 100 パーセント安全ではないことを覚えておいたほうがいい。

You should (　　　) (　　) (　　　　　　　) that no Internet transmission is 100 percent secure.

解答　① apologized, for (477)　② abandon (475)　③ ambitious (474)　④ persuade, to (479)
　　　　⑤ tried, on (478)　⑥ habit (473)　⑦ installed (476)　⑧ keep in mind (480)

Day 31　思考・動作10

単語・熟語を読む ▶ 単語・熟語を書く ▶ フレーズの空所を埋める ▶ 単語・熟語・フレーズを聞く　 ♪ 121

□ 481 熟
〜するほどばかでない
**know better
than to do**

k
〜しないくらいの分別がある年齢だ
be old enough to (　　　　)
(　　　　) (　　　　) (　) **do 〜**

この意味も
押さえて
おきましょう。

□ 482 熟
必ず
by all means

b
必ず〜しなければならない
(　) (　　) (　　　　　　　), **you have to do 〜.**

□ 483 熟
〜に敬意を表して
in honor of

j
知事に敬意を表して
(　) (　　　　　) (　) **the governor**

□ 484 名
態度
behavior
/bihéivjər/

b
年配者に対する態度
(　　　　　　) **toward elderly people**

□ 485 名
選択（肢）
option
/ápʃən/

o
〜する選択肢がある
have the (　　　　) **to do 〜**

□ 486 動
〜に抗議する
protest
/prətést/

p
教育予算の削減に抗議する
(　　　　　　) **cuts in the
education budget**

アクセント注意！

□ 487 動
〜を我慢する
resist
/rizíst/

r
〜したい衝動を抑える
(　　　　) **the temptation to do 〜**

□ 488 熟
〜に必要事項を記入する
fill out

f
注文書に必要事項を記入する
(　) (　) **an order form**

センテンスの空所を埋める ▶ センテンスを聞く　　　　　　　　　　　　　　　　　　　)) 122

① 彼はそんなことをするほどばかではないはずだ。

He should (　　　　) (　　　　　　) (　　　　) (　　) do such a thing.

② 申込用紙に必要事項を記入して、以下の住所まで送ってください。

Please (　　) (　　) an application form and send it to the address below.

③ 何もしないことがその時の最善の選択だった。

Doing nothing was the best (　　　　　　) at the time.

④ その記念碑は国の初代大統領に敬意を表して建てられた。

The monument was erected (　) (　　　　　) (　) the nation's first president.

⑤ 疑問点がある場合は、必ず質問してください。

If you have any questions, (　　) (　　) (　　　　　) ask.

⑥ 私は彼を見て笑うのを我慢できなかった。

I couldn't (　　　　　) laughing at him.

⑦ 何百人ものデモ参加者たちが戦争に抗議するために国会の外に集まった。

Hundreds of demonstrators gathered outside Congress to (　　　　　　) the war.

⑧ 私は彼の態度が少しおかしいことに気づいた。

I noticed something strange in his (　　　　　　).

解答　① know better than to (481)　② fill out (488)　③ option (485)　④ in honor of (483)
　　　⑤ by all means (482)　⑥ resist (487)　⑦ protest (486)　⑧ behavior (484)

Day 31 　思考・動作10

単語・熟語を読む ▶ 単語・熟語を書く ▶ フレーズの空所を埋める ▶ 単語・熟語・フレーズを聞く 　♪ 123

□ 489　熟
～を見下す
look down on

l

若者を見下す
(　　　　) (　　　　　) (　　　) **young people**

□ 490　熟
～の心に浮かぶ
occur to

o

～ということを思いつく
It (　　　　) (　) **me that ～.**

この意味も押さえて
おきましょう。
主語が it なので
3 単現の -s がつきます。

□ 491　熟
～を差し控える
refrain from

r

酒を差し控える
(　　　　　　) (　　　　　) **alcohol**

□ 492　熟
A を B に向ける
aim A at B

a

矢を的に向ける
(　　) **an arrow** (　) **a target**

□ 493　熟
～したい気がする
feel like doing

f

泳ぎに行きたい気がする
(　　) (　　) **going for a swim**

□ 494　熟
進む
make one's way

m

ステージへ進む
(　　　　) (　　　　) (　　　) **to the stage**

□ 495　熟
～するほうがいい
would rather do

w

家にいるよりも外出するほうがいい
(　　　　) (　　　　　) **go out than stay in**

□ 496　名
申し込み
application
/æpləkéiʃən/

a

申込用紙
an (　　　　　) **form**

「申請」という意味も
覚えておきましょう。

センテンスの空所を埋める ▶ センテンスを聞く 》124

① 多分、あなたは彼に謝るほうがいい。

Perhaps you（　　　）（　　　　　　）**apologize to him.**

② 人は自分たちの集団に属さない人々を見下しがちだ。

People tend to（　　　）（　　　　）（　　）**those outside their group.**

③ 突然、素晴らしいアイデアが私の心に浮かんだ。

Suddenly an excellent idea（　　　　　　　）（　　）**me.**

④ この広告は若者向けだ。

This advertisement is（　　　　　）（　　）**young people.**

⑤ その台風は台湾へ向かっている。

The typhoon is（　　　　　）（　　）（　　　　）**toward Taiwan.**

⑥ 指定された喫煙所以外での喫煙は控えてください。

Please（　　　　　）（　　　　）**smoking except in the designated smoking areas.**

⑦ 彼の学生ビザの申請は却下された。

His（　　　　　　　　　）**for a student visa was rejected.**

⑧ 時々、私は仕事を辞めたくなる。

Sometimes I（　　　）（　　　）**quitting my job.**

解答 ① 'd rather (495) ② look down on (489) ③ occurred to (490) ④ aimed at (492)
⑤ making its way (494) ⑥ refrain from (491) ⑦ application (496) ⑧ feel like (493)

Day 32　思考・動作11

単語・熟語を読む ▶ 単語・熟語を書く ▶ フレーズの空所を埋める ▶ 単語・熟語・フレーズを聞く　》125

□ 497 名
出発
departure
/dipáːrtʃər/

d
出発時刻
(　　　　　　　　　) time

□ 498 動
～を調節する
adjust
/ədʒʌ́st/

a
機械を調節する
(　　　　　) machinery

□ 499 動
～を認める
admit
/ædmít/

a
罪を認める
(　　　　　) one's guilt

□ 500 動
～だと想定する
assume
/əsjúːm/

a
近いうちに景気は回復するだろうと想定する
(　　　　　　　) that the economy will recover soon

□ 501 副
従って
thus
/ðʌ́s/

t
～なので…
～ and (　　　　) **. . .**

「～で、従って…」から「～なので…」となります。

□ 502 熟
～を続ける
carry on
/

c
仕事を続ける
(　　　　　) (　　　) one's work

□ 503 熟
～を配る
hand out
/

h
子どもたちにあめを配る
(　　　　) (　　　) candy to children

□ 504 熟
電話を切る
hang up
/

h
彼女との電話を一方的に切る
(　　　　) (　　　) on her

Day 32

① 気候変動は将来、自然災害を増加させる可能性があると考えられている。

It is (　　　　　　　) that climate change could cause an increase in natural disasters in the future.

② 彼は過ちを犯したことを認めた。

He (　　　　　　) that he had made a mistake.

③ 彼は家業を続ける予定だ。

He will (　　　　) (　　) the family business.

④ 乗客たちは出発の3時間前に空港に来るよう求められている。

The passengers have been requested to be at the airport three hours before (　　　　　　　).

⑤ 女性が通りでちらしを配っていた。

A woman was (　　　　　　) (　　) leaflets on the street.

⑥ 彼は全く働かなかったので、首になった。

He didn't work at all and (　　　) was fired.

⑦ 私は留守番電話に話すのが好きではないので、メッセージを残さずに電話を切った。

Since I don't like talking to answering machines, I (　　　) (　　) without leaving a message.

⑧ 必要に応じて上向きか下向きの矢印を押して、温度を調節してください。

Press the up or down arrows to (　　　　) the temperature as necessary.

解答 | ① assumed (500) ② admitted (499) ③ carry on (502) ④ departure (497)
⑤ handing out (503) ⑥ thus (501) ⑦ hung up (504) ⑧ adjust (498)

Day 32 | 思考・動作11

CHAPTER 1 CHAPTER 2 CHAPTER 3 **CHAPTER 4** CHAPTER 5 CHAPTER 6

単語・熟語を読む ▶ 単語・熟語を書く ▶ フレーズの空所を埋める ▶ 単語・熟語・フレーズを聞く   》 127

☐ 505 熟
気をつける
look out

l

バスに気をつける
(   ) (   ) **for the bus**

☐ 506 熟
〜を我慢する
put up with

p

我慢すべきことがたくさんある
have a lot to (   ) (   ) (   )

☐ 507 熟
A に B を警告する
warn A about B

w

ティーンエイジャーに喫煙の危険性を警告する
(   ) **teenagers** (   )
the dangers of smoking

> 「A に B を注意する」
> という意味も
> 覚えておきましょう。

☐ 508 熟
はっきりと
for sure

f

はっきりとは言えない
can't say (   ) (   )

☐ 509 熟
〜に関して
with regard to

w

〜に関して措置を取る
take action (   ) (   ) (   ) 〜

☐ 510 名
反応
feedback
/fíːdbæk/

f

新製品に関する顧客の反応
(   ) **from**
customers on new products

> 「感想、評価」という
> 意味も覚えて
> おきましょう。

☐ 511 名
興味
interest
/íntərəst/

i

〜に興味を持っている
have (   ) **in** 〜

> アクセント注意!

☐ 512 動
〜を埋める
bury
/béri/

b

宝を埋める
(   ) **treasure**

> 発音注意!

143

① 私は彼の態度を我慢できない。

I can't (　　　) (　　) (　　　　) his attitude.

② この地域では電線は道の下に埋められている。

Electric cables are (　　　　　　) beneath the streets in this area.

③ 彼は仕事ぶりに関して上司から肯定的な評価を受けた。

He had positive (　　　　　　　) from his boss on his job performance.

④ 気をつけて！ 車が来るよ！

(　　　　) (　　　)! A car is coming!

⑤ 何が起きているのか誰もはっきりとは分からない。

No one knows (　　) (　　　) what is going on.

⑥ 警察は車を運転する人たちに道路の凍結に注意を呼びかけている。

Police are (　　　　　　) drivers (　　　　) icy roads.

⑦ 私の娘は音楽に非常に興味を示している。

My daughter shows a great (　　　　　　) in music.

⑧ 7月15日づけのあなたの手紙に関してお返事を書いています。

I am writing to you (　　) (　　　　　) (　) your letter dated July 15.

解答

① put up with (506)　② buried (512)　③ feedback (510)　④ Look out (505)　⑤ for sure (508)
⑥ warning, about (507)　⑦ interest (511)　⑧ with regard to (509)

Day 33 　思考・動作12

CHAPTER 1　CHAPTER 2　CHAPTER 3　CHAPTER 4　CHAPTER 5　CHAPTER 6

単語・熟語を読む ▶ 単語・熟語を書く ▶ フレーズの空所を埋める ▶ 単語・熟語・フレーズを聞く　　》129

□ 513 　動
〜を追跡する
chase
/tʃéis/

c
その犯人を追跡する
(　　　　　　　) the criminal

□ 514 　動
〜だと結論する
conclude
/kənklúːd/

c
その情報は間違っていると結論する
(　　　　　　　) that the information is wrong

□ 515 　動
〜をこぼす
spill
/spíl/

s
ワインをシャツにこぼす
(　　　　) wine on one's shirt

□ 516 　副
確かに
definitely
/défənətli/

d
彼は確かに〜と言った
He (　　　　　　　) said 〜.

□ 517 　熟
〜を偶然見つける
come across

c
旧友に偶然出会う
(　　　　) (　　　　　　　) an old friend
┐この意味も押さえておきましょう。

□ 518 　熟
〜にうまく対処する
cope with

c
仕事と家庭生活にうまく対処する
(　　　　) (　　　　　) work and family life

□ 519 　熟
理解できる
make sense

m
全く理解できない
(　　　　　) no (　　　　　)

□ 520 　熟
用心する
watch out

w
泥棒に用心する
(　　　　) (　　　　) for thieves
┐「気をつける」という意味も覚えておきましょう。

145

Day 33

① 私は古いアルバムを屋根裏部屋で偶然見つけた。

I (　　　　) (　　　　　　　　) an old photo album in the loft.

② 地球温暖化は確かに起きていると多くの人が明言している。

Many have stated that global warming is (　　　　　　　) occurring.

③ 裁判所は、その被告は無罪だと結論した。

The court (　　　　　　　　) that the defendant was innocent.

④ その本にはストレスへの対処法が書かれている。

The book discusses ways of (　　　　　) (　　　　) stress.

⑤ 気をつけてください！ 床が滑りやすくなっています。

(　　　　　) (　　　)! The floor is slippery.

⑥ 警察はその盗難車を追跡して、窃盗犯を逮捕した。

Police (　　　　　　) the stolen car and arrested the thief.

⑦ この文は理解できない。

This sentence doesn't (　　　　) (　　　　　).

⑧ 私はコーヒーをキーボードにこぼしてしまった。

I (　　　　　) coffee on my keyboard.

解答 ① came across (517)　② definitely (516)　③ concluded (514)　④ coping with (518)
⑤ Watch out (520)　⑥ chased (513)　⑦ make sense (519)　⑧ spilled (515)

Day 33　思考・動作12

単語・熟語を読む ▶ 単語・熟語を書く ▶ フレーズの空所を埋める ▶ 単語・熟語・フレーズを聞く　》131

□ 521 熟
〜にばったり会う
run into

r

旧友にばったり会う
(　　　)(　　　　) **one's old friend**

□ 522 熟
〜について
as to

a

次に何をすべきか分かっていない
be uncertain (　　) (　　) **what to do next**

□ 523 名
謝罪
apology
/əpάlədʒi/

a

〜に対する彼からの謝罪を要求する
demand an (　　　　　　) **from him for 〜**

□ 524 名
感情
emotion
/imóuʃən/

e

感情を表す
express one's (　　　　　)

□ 525 動
〜を確認する
confirm
/kənfə́ːrm/

c

予約を確認する
(　　　　　) **a reservation**

□ 526 動
〜を強く望む
desire
/dizáiər/

d

平和を強く望む
(　　　　　) **peace**

□ 527 動
〜を誇張する
exaggerate
/igzǽdʒərèit/

e

自分の能力を誇張する
(　　　　　　) **one's abilities**

□ 528 動
〜を拒絶する
reject
/ridʒékt/

r

彼の助言を拒絶する
(　　　　　) **his advice**

アクセント注意！

Day 33

① その大臣は自らの発言を公式に謝罪した。

The minister made an official (　　　　　　　) for his remarks.

② 私たちは皆、幸福を強く望んでいる。

We all (　　　　　) happiness.

③ この状況にどのように対処するかについて私は助言を必要としている。

I need some advice (　　) (　　) how to handle this situation.

④ 彼女の声は感情が高まって震えていた。

Her voice was shaking with (　　　　　　　).

⑤ マスメディアは地球温暖化を誇張していると考えている人もいる。

Some people think that the media (　　　　　　　) global warming.

⑥ 首相は辞任要求を拒絶した。

The prime minister (　　　　　　　) calls for his resignation.

⑦ 出発の3日前に便の予約を確認してください。

Please (　　　　　　) your flight reservation three days before departure.

⑧ 私は昨日、元彼女にばったり会った。

I (　　　) (　　　) my ex-girlfriend yesterday.

解答　① apology (523)　② desire (526)　③ as to (522)　④ emotion (524)　⑤ exaggerate (527)
　　　　⑥ rejected (528)　⑦ confirm (525)　⑧ ran into (521)

MEMO

CHAPTER
5
状況・性質

Chapter 5では、英検2級
の語句補充問題で頻出の、
「状況・性質」関連の単語・
熟語144を押さえていきま
す。ここが終われば残りは
8日！ ゴールは着実に近
づいています！

Day 34 状況・性質1

CHAPTER 1　CHAPTER 2　CHAPTER 3　CHAPTER 4　CHAPTER 5　CHAPTER 6

単語・熟語を読む ▶ 単語・熟語を書く ▶ フレーズの空所を埋める ▶ 単語・熟語・フレーズを聞く　　》133

□ 529 動
〜を引き起こす
cause
/kɔ́ːz/

c

損害をもたらす
(　　　　　) **damage**

この意味も
押さえて
おきましょう。

□ 530 動
〜を中止する
cancel
/kǽnsəl/

c

そのコンサートを中止する
(　　　　　) **the concert**

□ 531 形
自分の
own
/óun/

o

自分の家
one's (　　　) **house**

□ 532 熟
実は
in fact

i

〜だが、実は…
〜, but (　　) (　　　　) **. . .**

□ 533 熟
〜するのに苦労する
have trouble doing

h

彼女の家を見つけるのに苦労する
(　　　) (　　　　　) **finding her house**

□ 534 名
有利な点
advantage
/ædvǽntidʒ/

a

〜より有利である
have an (　　　　　　) **over 〜**

発音注意！

□ 535 動
〜に影響を及ぼす
affect
/əfékt/

a

そのハリケーンの影響を受けた人々
people (　　　　　) **by the hurricane**

受け身なので
過去分詞形が
入ります。

□ 536 熟
その結果
as a result

a

〜で、その結果…
〜 and, (　　) (　) (　　　　) **. . .**

---

① 彼はけがをした。その結果、彼は引退しなければならなかった。

He got injured. (　　) (　) (　　　　　　　　), he had to retire.

② 私の娘は自分の部屋を持ちたがっている。

My daughter wants to have her (　　　　) room.

③ 寝不足は交通事故を引き起こすことがある。

Lack of sleep can (　　　　　) traffic accidents.

④ 多くの移民は新しい環境に慣れるのに苦労する。

Many immigrants (　　　　) (　　　　　　) adapting to their new surroundings.

⑤ オンラインショッピングの1つの利点はいつでも買い物をする機会があるということだ。

One (　　　　　　　　　) of online shopping is that it gives you an opportunity to shop at any time.

⑥ 世界的な景気後退は銀行業界に深刻な影響を及ぼしている。

The global recession has severely (　　　　　　　) the banking industry.

⑦ なぜその会議は中止になったのですか？

Why was the meeting (　　　　　　　)?

⑧ 彼女はとても親しげに見えるが、実はとても利己的だ。

She looks very friendly, but (　　) (　　　　) she's quite selfish.

解答　① As a result (536)　② own (531)　③ cause (529)　④ have trouble (533)　⑤ advantage (534)
⑥ affected (535)　⑦ canceled (530)　⑧ in fact (532)

単語・熟語を読む ▶ 単語・熟語を書く ▶ フレーズの空所を埋める ▶ 単語・熟語・フレーズを聞く ♪ 135

□ 537 熟
〜につながる
lead to

l
肺がんにつながる
(   ) (   ) **lung cancer**

□ 538 動
〜に損害を与える
damage
/dǽmidʒ/

d
農作物に損害を与える
(   ) **crops**

□ 539 形
成功した
successful
/səksésfəl/

s
成功した手術
a (   ) **operation**

successful in 〜で
「〜に成功した」→
「〜できた」
となります。

□ 540 熟
時間通りに
on time

o
時間通りに到着する
arrive (   ) (   )

「定刻に」という
意味も覚えて
おきましょう。

□ 541 動
〜を生み出す
create
/kriéit/

c
富を生み出す
(   ) **wealth**

□ 542 形
近くの
nearby
/nìərbái/

n
近くの町
a (   ) **town**

□ 543 動
〜を完成させる
complete
/kəmplíːt/

c
その建物を完成させる
(   ) **the building**

□ 544 副
結局
eventually
/ivéntʃuəli/

e
彼はようやく〜見つけた
He (   ) **found 〜.**

この意味も
押さえて
おきましょう。

センテンスの空所を埋める ► センテンスを聞く))) 136

① そのトンネルは完成に 5 年以上かかった。

The tunnel took more than five years to (　　　　　　　).

② 彼女は結局、彼と結婚することを決めた。

She (　　　　　　　) decided to marry him.

③ その地震で何千もの家屋が損害を受けた。

The earthquake (　　　　　　　) thousands of houses.

④ 二酸化炭素の排出の増加が地球温暖化につながると考えられている。

It is believed that increasing CO_2 emissions would (　　　) (　　) global warming.

⑤ その飛行機は定刻にヒースロー空港に着陸した。

The plane landed at Heathrow (　　) (　　　　).

⑥ 彼は新しい仕事を見つけることができた。

He was (　　　　　　　) in finding a new job.

⑦ その新工場は 500 人以上の雇用を生み出すだろう。

The new factory will (　　　　　　) more than 500 jobs.

⑧ 彼女はノートを買いに近くの店へ行った。

She went to a (　　　　　　) store to buy a notebook.

解答 ① complete (543) ② eventually (544) ③ damaged (538) ④ lead to (537) ⑤ on time (540)
⑥ successful (539) ⑦ create (541) ⑧ nearby (542)

単語・熟語を読む ▶ 単語・熟語を書く ▶ フレーズの空所を埋める ▶ 単語・熟語・フレーズを聞く ♪ 137

□ 545 熟
〜に慣れている
be used to

be u

患者の治療に慣れている

be (　　　　) (　　) treating patients

□ 546 形
重大な
serious
/síəriəs/

s

重病

a (　　　　) illness

「深刻な」という意味も覚えておきましょう。

□ 547 名
影響
influence
/ínfluəns/

i

〜に影響を与える

have an (　　　　　) on 〜

アクセント注意！

□ 548 形
便利な
convenient
/kənvíːnjənt/

c

便利な道具

a (　　　　　) tool

□ 549 熟
〜しそうである
be likely to do

be l

間もなく到着である

be (　　　) (　　) arrive soon

□ 550 動
〜を害する
harm
/háːrm/

h

自然環境に害を及ぼす

(　　　　) the environment

「〜を傷つける」という意味も覚えておきましょう。

□ 551 動
よくなる
improve
/imprúːv/

i

体調がよくなる

(　　　　) in health

□ 552 動
〜を防ぐ
prevent
/privént/

p

事故を防ぐ

(　　　　) accidents

Day 35

① 新しい生活に慣れるのに私はしばらく時間がかかった。

It took me a while to get (　　　　)(　　) my new life.

② ビートルズはポピュラー音楽に大きな影響を与えた。

The Beatles had a great (　　　　　　) on popular music.

③ 明日は雨が降りそうだ。

It's (　　　　)(　　) rain tomorrow.

④ 雇用情勢は次第に改善してきている。

The employment situation has been (　　　　　　　) gradually.

⑤ 犯罪はその都市の深刻な問題だ。

Crime is a (　　　　　) problem in the city.

⑥ 駅の近くに住むのはとても便利だ。

It is very (　　　　　　) to live near a train station.

⑦ 幸いにも、その火事では誰もけがをしなかった。

Luckily, no one was (　　　　　) in the fire.

⑧ けがを防ぐために練習の前にはストレッチをしてください。

Stretch before a workout to (　　　　　) injuries.

解答　① used to (545)　② influence (547)　③ likely to (549)　④ improving (551)　⑤ serious (546)
⑥ convenient (548)　⑦ harmed (550)　⑧ prevent (552)

156

□ 553 動
広がる
spread
/spréd/

s
急速に広まる
( ) **rapidly**

発音注意!
spread - spread -spread
と活用します。

□ 554 熟
〜に苦しむ
suffer from

s
飢えに苦しむ
( ) ( ) **hunger**

□ 555 熟
もはや〜でない
no longer

n
もはや〜には興味を持っていない
be ( ) ( ) **interested in 〜**

□ 556 形
巨大な
huge
/hjúːdʒ/

h
巨大な家
a ( ) **house**

「莫大な」という
意味も覚えて
おきましょう。

□ 557 形
貴重な
valuable
/væljuəbl/

v
貴重な経験をする
gain ( ) **experience**

□ 558 副
その代わりに
instead
/instéd/

i
その代わりに〜を使う
use 〜 ( )

□ 559 形
珍しい
unusual
/ʌnjúːʒuəl/

u
珍しい例
an ( ) **case**

□ 560 熟
〜のおかげで
thanks to

t
彼の助言のおかげで
( ) ( ) **his advice**

157

センテンスの空所を埋める ▶ センテンスを聞く　　　　　》140

① 米国には貧困に苦しんでいる子どもが 1000 万人以上いる。

There are over 10 million children (　　　　　　) (　　　　) poverty in the US.

② その会社は莫大な負債を抱えて倒産した。

The company went bankrupt with (　　　　) debts.

③ 妻が支えてくれたおかげで、私は自分の研究に専念できた。

(　　　　　　) (　　) my wife's support, I could concentrate on my research.

④ もしあなたがその会議に出席できないなら、私が代わりに行けます。

If you can't attend the conference, I could go (　　　　　).

⑤ この 10 年でインターネットは世界中に広まった。

In the last decade, the Internet has (　　　　) all over the world.

⑥ 喫煙は公共の場所ではもはや許されていない。

Smoking is (　　) (　　　　　) allowed in public places.

⑦ 彼の名字は珍しい。

His surname is (　　　　　).

⑧ 貴重な助言をありがとうございます。

Thank you for your (　　　　　　) advice.

解答　① suffering from (554)　② huge (556)　③ Thanks to (560)　④ instead (558)　⑤ spread (553)
⑥ no longer (555)　⑦ unusual (559)　⑧ valuable (557)

Day 36 状況・性質3

CHAPTER 1　CHAPTER 2　CHAPTER 3　CHAPTER 4　CHAPTER 5　CHAPTER 6

□561 熟
〜の代わりに
instead of

i
バターの代わりにマーガリンを使う
use margarine (　　　　) (　) **butter**

□562 熟
〜に基づいている
be based on

be b
事実に基づいた映画
a movie (　　　) (　) **facts**

□563 名
影響
effect
/ifékt/

e
〜に影響を与える
have an (　　　) **on 〜**

□564 動
〜を引きつける
attract
/ətrǽkt/

a
注意を引く
(　　　　) **attention**

□565 動
〜のままである
remain
/riméin/

r
立ったままである
(　　　　) **standing**

□566 形
魅力的な
attractive
/ətrǽktiv/

a
魅力的な女性
an (　　　　) **woman**

□567 形
有害な
harmful
/hάːrmfəl/

h
健康に悪い
be (　　　　) **to health**

□568 副
実際は
indeed
/indíːd/

j
実際に起きている
be (　　　) **happening**

Day 36

テンスの空所を埋める ▶ センテンスを聞く　　　　　　　　　　　　　　》142

① そのイベントは 500 人以上の参加者を引き寄せた。

The event (　　　　　　　　) more than 500 participants.

② 彼らの関係は互いへの尊敬に基づいている。

Their relationship is (　　　　) (　　) mutual respect.

③ その歌手は魅力的な声を持っている。

The singer has an (　　　　　　　) voice.

④ 彼女はしばらくの間、黙ったままだった。

She (　　　　　　) silent for a while.

⑤ 実際、彼女の言ったことは正しかった。

(　　　　　　) what she said was true.

⑥ 人間の活動は自然環境に深刻な影響を与えてきた。

Human activities have had a profound (　　　) on the environment.

⑦ 彼は上司の代わりにその会議に出席した。

He attended the meeting (　　　　) (　　) his boss.

⑧ 多くの殺虫剤は自然環境にとって有害だ。

Many pesticides are (　　　　　　) to the environment.

解答　① attracted (564)　② based on (562)　③ attractive (566)　④ remained (565)　⑤ Indeed (568)
⑥ effect (563)　⑦ instead of (561)　⑧ harmful (567)

単語・熟語を読む ▶ 単語・熟語を書く ▶ フレーズの空所を埋める ▶ 単語・熟語・フレーズを聞く　))) 143

□ 569 熟
A が～するのを妨げる
prevent A from doing

p
戦争が勃発するのを防ぐ
(　　　　　　　) war (　　　　　　)
breaking out

「A が～できなくする」という意味も覚えておきましょう。

□ 570 名
成長
growth
/gróuθ/

g
成長分野
a (　　　　　　) **area**

□ 571 動
～を必要とする
require
/rikwáiər/

r
さらなる情報を必要とする
(　　　　　　　) **further information**

□ 572 形
まれな
rare
/réər/

r
まれな病気
a (　　　　　) **disease**

「珍しい」という意味も覚えておきましょう。

□ 573 熟
～を担当して
in charge of

i
経理を担当している
be (　　) (　　　　　　) (　　) **accounting**

□ 574 動
生き残る
survive
/sərváiv/

s
過酷な状況の中で生き残る
(　　　　　　) **in harsh conditions**

「生き延びる」という意味も覚えておきましょう。

□ 575 形
心地よい
comfortable
/kʌ́mfərtəbl/

c
寝心地のよいベッド
a (　　　　　　　) **bed**

アクセント注意！

□ 576 形
厳しい
strict
/stríkt/

s
厳しい規則
(　　　　　　) **regulations**

① 砂漠の中で生き延びられる植物もある。

Some plants can (   ) **in deserts.**

② 彼女のけがは手術が必要だ。

Her injury (   ) **surgery.**

③ 悪天候のため彼らは皆既日食を見ることができなかった。

Bad weather (   ) **them** (   ) **witnessing a total eclipse of the sun.**

④ 彼は珍しいコインを集めている。

He collects (   ) **coins.**

⑤ 観光業は英国の成長産業の1つだ。

Tourism is one of England's (   ) **industries.**

⑥ 彼女が小さかったころ、両親は彼女に厳しかった。

Her parents were (   ) **with her when she was little.**

⑦ そのソファは座り心地が実にいい。

The sofa is really (   ) **to sit on.**

⑧ そのプロジェクトの担当者は誰ですか？

Who is (   ) (   ) (   ) **the project?**

解答 | ① survive (574) ② requires (571) ③ prevented, from (569) ④ rare (572) ⑤ growth (570)
      ⑥ strict (576) ⑦ comfortable (575) ⑧ in charge of (573)

Day 37 状況・性質4

単語・熟語を読む ▶ 単語・熟語を書く ▶ フレーズの空所を埋める ▶ 単語・熟語・フレーズを聞く　》145

□577 形
混み合った
crowded
/kráudid/

c

混み合った電車
a (　　　　　) train

□578 名
懸念
concern
/kənsə́:rn/

c

〜についての懸念を表明する
express (　　　　　) about 〜

□579 名
方向
direction
/dirékʃən/

d

〜の方へ向かって
in the (　　　　　) of 〜

□580 動
〜を生み出す
generate
/dʒénərèit/

g

興奮を引き起こす
(　　　　　) excitement

この意味も押さえておきましょう。

□581 形
反対側の
opposite
/ápəzit/

o

〜の反対側にある
be on the (　　　　　) side
of 〜

アクセント注意！

□582 熟
間に合って
in time

i

その会議に遅れずに到着する
arrive (　) (　　　) for the
meeting

この意味も押さえておきましょう。

□583 名
特徴
feature
/fí:tʃər/

f

地理的特徴
geographical (　　　　　)

複数形が入ります。

□584 形
実際の
actual
/ǽktʃuəl/

a

実費
(　　　　　) expenses

センテンスの空所を埋める ▶ センテンスを聞く 》146

① 経済成長はより多くの雇用の機会を若者に生み出す。

Economic growth (　　　　　　　　　) **more employment opportunities for young people.**

② そのビーチは人々で混み合っていた。

The beach was (　　　　　　) **with people.**

③ その映画は実際の出来事に基づいている。

The movie is based on (　　　　) **events.**

④ 夕食に間に合うように帰ってきますか？

Will you be back (　　) (　　　　) **for supper?**

⑤ 国内経済に関する懸念が高まっている。

There is growing (　　　　　　) **about the domestic economy.**

⑥ 反対方向から来た車が私の車に衝突した。

A car coming in the opposite (　　　　　　) **crashed into my car.**

⑦ そのハイブリッドカーにはいくつかの新しい特徴がある。

The hybrid car has several new (　　　　　　).

⑧ そのホテルは通りの反対側にある。

The hotel is on the (　　　　　　) **side of the street.**

解答	① generates (580)　② crowded (577)　③ actual (584)　④ in time (582)　⑤ concern (578) ⑥ direction (579)　⑦ features (583)　⑧ opposite (581)

単語・熟語を読む ▶ 単語・熟語を書く ▶ フレーズの空所を埋める ▶ 単語・熟語・フレーズを聞く �»147

□ 585 動
〜を治す
heal
/híːl/

h
彼の傷を治す
(　　　　　) his wound

□ 586 形
信頼できる
reliable
/riláiəbl/

r
信頼できる情報
(　　　　　) information

□ 587 動
〜を克服する
overcome
/òuvərkʌ́m/

o
障害を克服する
(　　　　　　　) obstacles

□ 588 動
〜を移す
transfer
/trǽnsfəːr/

t
事務所を〜に移す
(　　　　　　　) the office to 〜

□ 589 副
適切に
properly
/prɑ́pərli/

p
きちんとした服装をする
be (　　　　　) dressed

この意味も押さえておきましょう。

□ 590 熟
〜しがちである
tend to do

t
病気になりがちである
(　　　) (　　) get sick

□ 591 熟
偶然に
by chance

b
偶然、彼女に会う
meet her (　　) (　　　　　)

□ 592 形
同じような
similar
/símələr/

s
同じような2台の車
two (　　　　　) cars

① アルタミラ洞窟は 1879 年に偶然発見された。

The Altamira Cave was discovered (　　) (　　　　　　) in 1879.

② 彼は身体的な障害を克服してピアニストになった。

He (　　　　　　　　) his physical handicap and became a pianist.

③ 私の車は古いが信頼できる。

My car is old but (　　　　　　).

④ 私の骨折した足首は完全には治っていない。

My broken ankle is not completely (　　　　　).

⑤ 私のコンピューターは正常に作動していない。

My computer isn't working (　　　　　　).

⑥ その会社の本社は渋谷から新宿に移った。

The headquarters of the company was (　　　　　　　　) from Shibuya to Shinjuku.

⑦ 妻と私は多くのことで同じような考えを持っている。

My wife and I have (　　　　　) views on a lot of things.

⑧ 人々は過ちを犯しがちだ。

People (　　　　) (　　) make mistakes.

解答　① by chance (591)　② overcame (587)　③ reliable (586)　④ healed (585)　⑤ properly (589)
　　　⑥ transferred (588)　⑦ similar (592)　⑧ tend to (590)

単語・熟語を読む ▶ 単語・熟語を書く ▶ フレーズの空所を埋める ▶ 単語・熟語・フレーズを聞く 　　》149

□ 593　名
機会
opportunity
/ὰpɚtjúːnəti/

o
〜する機会を逃す
miss an (　　　　　　　　)
to do 〜

アクセント注意！

□ 594　形
複雑な
complicated
/kάmpləkèitid/

c
複雑な使用説明書
(　　　　　　　) instructions

アクセント注意！

□ 595　名
能力
ability
/əbíləti/

a
リーダーシップ能力
leadership (　　　　)

have the ability to do 〜
で「〜することができる」
を表します。

□ 596　熟
途方に暮れて
at a loss

a
何と言っていいか困っている
be (　) (　) (　　　　) for words

この意味も
押さえて
おきましょう。

□ 597　熟
近くに
at hand

a
すぐそこにある
be close (　　) (　　　　)

□ 598　熟
無駄に
in vain

j
無駄である
be (　　) (　　　　)

□ 599　形
よくない
negative
/négətiv/

n
悪影響
(　　　　　　　) effects

□ 600　動
起こる
occur
/əkɚ́ːr/

o
突然起こる
suddenly (　　　　)

センテンスの空所を埋める ▶ センテンスを聞く　　　　　　　　　　　　　》150

① オーストラリアへの旅行は英語を練習するいい機会だった。

The trip to Australia was a good (　　　　　　　　　　　) **to practice my English.**

② 彼女はいつも携帯電話を近くに置いている。

She always has her cell phone (　　) (　　　　).

③ サトウさんは 4 カ国語を話すことができる。

Mr. Sato has the (　　　　　) **to speak four languages.**

④ 彼は何をすべきか分からず、途方に暮れているようだった。

He seemed (　　) (　　) (　　　　) **what to do.**

⑤ 私はその仕事の申し出を受け入れるよう彼を説得してみたが無駄だった。

I tried (　　) (　　　　) **to persuade him to accept the job offer.**

⑥ その自動車事故は午前 6 時ごろに起きた。

The car accident (　　　　　　　　) **around 6 a.m.**

⑦ その映画は評論家たちから芳しくない批評を受けた。

The movie received (　　　　　　　) **reviews from critics.**

⑧ その小説の筋は複雑だ。

The plot of the novel is (　　　　　　　).

解答　　① opportunity (593)　② at hand (597)　③ ability (595)　④ at a loss (596)　⑤ in vain (598)
　　　　⑥ occurred (600)　⑦ negative (599)　⑧ complicated (594)

単語・熟語を読む ▶ 単語・熟語を書く ▶ フレーズの空所を埋める ▶ 単語・熟語・フレーズを聞く ♪151

□601 熟
結局は〜なる
end up

e

結局はその車を買うことになる
(   )(   ) **buying the car**

□602 熟
〜という結果になる
result in

r

失敗に終わる
(   )(   ) **failure**

この意味も押さえておきましょう。

□603 熟
〜に似ている
take after

t

母親に似ている
(   )(   ) **one's mother**

□604 熟
〜であることが判明する
turn out

t

〜ということが判明する
It (   )(   ) **that 〜.**

主語が it なので3単現の -s がつきます。

□605 熟
〜に慣れている
be accustomed to

be a

夜更かしに慣れている
be (   )(   ) **sitting up late**

□606 熟
〜に適している
be suitable for

be s

その場に適した服装
clothes (   )(   ) **the occasion**

□607 名
影響
impact
/ímpækt/

i

〜に影響を与える
have an (   ) **on 〜**

アクセント注意！

□608 名
混ぜた物
mixture
/míkstʃər/

m

土と水を混ぜた物
a (   ) **of soil and water**

センテンスの空所を埋める ▶ センテンスを聞く　　　　　　　　　　　　　　》152

① 彼の努力は大きな成功に結びついた。

His efforts (　　　　　　　) (　　) **great success.**

② 彼女は結局はその男性と結婚することになった。

She (　　　　　) (　　) **marrying the man.**

③ イーストと水を混ぜた物を 5 分間そのままにしてください。

Leave the (　　　　　　　) **of yeast and water for five minutes.**

④ 彼は父親に本当に似ている。

He really (　　　　) (　　　　) **his father.**

⑤ その情報は間違っていることが判明した。

The information (　　　　　　) (　　　) **to be wrong.**

⑥ そのテレビ番組は子どもには適していない。

The show isn't (　　　　　　) (　　) **children.**

⑦ 彼はコンピューターを使うことに慣れている。

He is (　　　　　　　　) (　　) **using a computer.**

⑧ マイケル・ジャクソンはエンターテインメントの世界に大きな影響を与えた。

Michael Jackson had a huge (　　　　　　) **on the entertainment world.**

解答

① resulted in (602)　② ended up (601)　③ mixture (608)　④ takes after (603)
⑤ turned out (604)　⑥ suitable for (606)　⑦ accustomed to (605)　⑧ impact (607)

単語・熟語を読む ▶ 単語・熟語を書く ▶ フレーズの空所を埋める ▶ 単語・熟語・フレーズを聞く　》153

□ 609　形
複雑な
complex
/kəmpléks/

c

複雑な機械
a (　　　　　　) machine

アクセント注意！

□ 610　形
不可欠の
essential
/isénʃəl/

e

～ということが極めて重要だ
It is (　　　　　　) that ～.

アクセント注意！
この意味も押さえて
おきましょう。

□ 611　動
～に直面する
face
/féis/

f

難局に直面する
(　　　　) difficulties

□ 612　熟
～なしで済ます
do without

d

昼食なしで済ます
(　　) (　　　　　　) lunch

□ 613　熟
～の能力がある
be capable of

be c

5万人の観客を収容できるスタジアム
a stadium (　　　　　　) (　　) seating 50,000
spectators

□ 614　熟
～に位置する
be located in

be l

街の中心に位置する
be (　　　　　　) (　　) the city
center

「～にある」という
意味も覚えて
おきましょう。

□ 615　熟
自分で
in person

i

自分で彼女に謝る
apologize to her (　　) (　　　　　)

□ 616　熟
故障して
out of order

o

故障する
get (　　　) (　　) (　　　　)

Day 39

センテンスの空所を埋める ▶ センテンスを聞く))) 154

① そのエレベーターは故障していたので、私は階段を使わなくてはならなかった。

The elevator was (　　　) (　　) (　　　　　　　), **so I had to use the stairs.**

② このごろでは、私たちは携帯電話なしではやっていけない。

We can't (　　) (　　　　　　) **cell phones these days.**

③ 水は生命にとって不可欠だ。

Water is (　　　　　　　) **for life.**

④ その国の経済は第2次世界大戦以降で最悪の危機に直面している。

The country's economy is (　　　　　) **its worst crisis since World War II.**

⑤ そのスーパーコンピューターは毎秒60兆回以上の計算をする能力がある。

The supercomputer is (　　　　　) (　　) **more than 60 trillion calculations per second.**

⑥ 東京の都心部には複雑な公共交通網がある。

There is a (　　　　　　) **network of public transportation in the Tokyo metropolitan area.**

⑦ ビザを取得するには大使館に自分で行かなければならない。

You have to go to the embassy (　　) (　　　　　) **to get a visa.**

⑧ 東大寺は奈良県にある。

Todaiji Temple is (　　　　　) (　　) **Nara prefecture.**

解答
① out of order (616)　② do without (612)　③ essential (610)　④ facing (611)
⑤ capable of (613)　⑥ complex (609)　⑦ in person (615)　⑧ located in (614)

172

単語・熟語を読む ▶ 単語・熟語を書く ▶ フレーズの空所を埋める ▶ 単語・熟語・フレーズを聞く ◀)) 155

□ 617 熟
〜の場合は
in case of

i
緊急の場合は
(　　) (　　　　　　) (　　) **emergency**

□ 618 名
態度
attitude
/ǽtitjùːd/

a
態度のよい生徒
a student with a good (　　　　　　)

□ 619 名
緊急事態
emergency
/imə́ːrdʒənsi/

e
緊急着陸
an (　　　　　　) **landing**

「非常事態」という
意味も覚えて
おきましょう。

□ 620 名
傾向
trend
/trénd/

t
現在の傾向
a current (　　　　)

□ 621 形
安定した
steady
/stédi/

s
安定した仕事
a (　　　　) **job**

□ 622 熟
〜と仲がよい
get along with

g
同僚たちと仲がよい
(　　) (　　　　　　) (　　　　) **one's co-workers**

□ 623 熟
〜から回復する
get over

g
〜のショックから立ち直る
(　　) (　　　) **the shock of 〜**

この意味も
押さえて
おきましょう。

□ 624 熟
〜を心配している
be concerned about

be c
地球温暖化を心配している
be (　　　　　　) (　　　　) **global warming**

① 彼は安定した収入の仕事を探している。

He is looking for a job with a (　　　　　) income.

② 非常口は各階の廊下の端にある。

The (　　　　　　　) exit is located at the end of the corridor on each floor.

③ 彼は仕事に対して積極的な態度を示している。

He has a positive (　　　　　) toward work.

④ あなたは上司と仲がよいですか？

Do you (　　　) (　　　　) (　　　　) your boss?

⑤ 彼女はインフルエンザから回復しつつある。

She is (　　　　　) (　　　　) the flu.

⑥ あなたは自分の健康に気を配ったほうがいい。

You should be (　　　　　　) (　　　　) your health.

⑦ 失業者数が増加傾向にある。

There is an upward (　　　　) in unemployment.

⑧ 地震の場合は、ガスを止めて、ガスの元栓を閉めてください。

(　) (　　　) (　) an earthquake, turn off the gas and close the gas supply valve.

解答　① steady (621)　② emergency (619)　③ attitude (618)　④ get along with (622)
　　　⑤ getting over (623)　⑥ concerned about (624)　⑦ trend (620)　⑧ In case of (617)

単語・熟語を読む ▶ 単語・熟語を書く ▶ フレーズの空所を埋める ▶ 単語・熟語・フレーズを聞く　》157

□625 熟
内密に
in private

i
そのことについて彼と内密に話をする
talk about it with him (　　) (　　　　　　)

□626 熟
遠方に
in the distance

i
遠方に〜を見つける
catch sight of 〜 (　　) (　　　) (　　　　　　)

□627 熟
そもそも
in the first place

i
そもそもそんなことをすべきではなかった
shouldn't have done that (　　) (　　　) (　　　)
(　　　　　)

□628 熟
制御できない
out of control

o
制御できなくなる
get (　　　　) (　　) (　　　　　　)

□629 熟
〜の代わりに
in place of

i
同僚の代わりに夜勤をする
take a night shift (　　) (　　　　) (　　) **one's colleague**

□630 形
偽の
fake
/féik/

f
偽造パスポート
a (　　　　　) **passport**

□631 形
明らかな
obvious
/ábviəs/

o
明白な理由もなく
for no (　　　　　　) **reason**

発音注意！
この意味も押さえて
おきましょう。

□632 熟
〜にうんざりしている
be bored with

be b
日々の生活に退屈している
be (　　　　) (　　　) **one's**
daily life

この意味も
押さえて
おきましょう。

175

Day 40

① その男は偽札を使った容疑で逮捕された。

The man was arrested for using (　　　) bills.

② そもそも彼女は彼と結婚したくはなかった。

She didn't want to marry him (　) (　　) (　　) (　　　).

③ その交渉は内密に行われた。

The negotiations were conducted (　) (　　　　).

④ 彼がうそをついているのは明らかだった。

It was (　　　　) that he was lying.

⑤ この調理法では砂糖の代わりにハチミツを使うことができる。

You can use honey (　) (　　　) (　) sugar in this recipe.

⑥ 彼は仕事にうんざりしている。

He is (　　　) (　　) his job.

⑦ 遠方にまだ雪をいただいた山々が見えた。

I could see mountains (　) (　　) (　　　　) that still had snow on them.

⑧ 消防士たちが到着する前に火事は制御できなくなっていた。

The fire got (　　) (　) (　　　　) before the firefighters arrived.

解答　① fake (630)　② in the first place (627)　③ in private (625)　④ obvious (631)
　　　⑤ in place of (629)　⑥ bored with (632)　⑦ in the distance (626)　⑧ out of control (628)

単語・熟語を読む ▶ 単語・熟語を書く ▶ フレーズの空所を埋める ▶ 単語・熟語・フレーズを聞く ）》159

□ 633 動
〜を困惑させる
confuse
/kənfjúːz/

c_____

聞き手を困惑させる
(　　　　　　　　) **the listeners**

□ 634 動
〜に直面する
encounter
/inkáuntər/

e_____

〜からの非難に遭う
(　　　　　　　　) **criticism from 〜**

この意味も押さえておきましょう。

□ 635 熟
〜を引き起こす
bring about

b_____

巨額の損失をもたらす
(　　　　) (　　　　) **huge losses**

この意味も押さえておきましょう。

□ 636 熟
〜に夢中になっている
be absorbed in

be a_____

会話に夢中になっている
be (　　　　　　　) (　　) **one's conversation**

□ 637 形
あいまいな
vague
/véig/

v_____

あいまいな返事
a (　　　　　) **answer**

発音注意！
have a vague memory of 〜
で「〜を何となく覚えている」
を表します。

□ 638 熟
〜にうんざりしている
be fed up with

be f_____

仕事にうんざりしている
be (　　) (　　) (　　　　) **one's job**

□ 639 熟
〜に感動している
be impressed by

be i_____

彼の才能に感心している
be (　　　　　　) (　　) **his talent**

この意味も押さえておきましょう。

□ 640 熟
いつもの場所に
in place

i_____

〜をいつもの場所に置く
put 〜 (　　) (　　　　)

センテンスの空所を埋める ▶ センテンスを聞く　　　　　　　　　　　　》160

① 産業革命は多くの経済的・社会的変化を引き起こした。

The Industrial Revolution (　　　　　　　) (　　　　　　) many economic and social changes.

② 私は彼に会ったことを何となく覚えている。

I have a (　　　　　) memory of meeting him.

③ その会社は資金難に直面している。

The company is (　　　　　　　　　) financial difficulties.

④ 私は彼の態度に困惑した。

I was (　　　　　　) by his behavior.

⑤ 全部いつもの場所に戻しなさい。

Put everything back (　) (　　　　).

⑥ 私はそのピアニストの演奏に深く感動した。

I was deeply (　　　　　　　) (　) the pianist's performance.

⑦ 私は彼の態度にうんざりしている。

I'm (　　) (　) (　　　) his attitude.

⑧ 彼女はヨーロッパ史の研究に夢中になっている。

She is (　　　　　　) (　) the study of European history.

解答 | ① brought about (635)　② vague (637)　③ encountering (634)　④ confused (633)
⑤ in place (640)　⑥ impressed by (639)　⑦ fed up with (638)　⑧ absorbed in (636)

Day 41　状況・性質8

単語・熟語を読む ▶ 単語・熟語を書く ▶ フレーズの空所を埋める ▶ 単語・熟語・フレーズを聞く　　》161

□ 641 名
難しさ
difficulty
/dífikλlti/

d

～するのが困難である

have (　　　　　) doing ～

「～するのに苦労する」も表します。

□ 642 動
～を妨げる
interrupt
/intərʌ́pt/

i

彼女の眠りを妨げる

(　　　　　) her sleep

アクセント注意！
「～の邪魔をする」という意味も覚えておきましょう。

□ 643 熟
～を止める
cut off

c

ガスの供給を止める

(　　) (　　) the supply of gas

□ 644 熟
～に似合う
go with

g

服に似合った帽子

a hat that (　　　) (　　　) an outfit

先行詞が単数形なので3単現の-sがつきます。

□ 645 熟
～で間に合わせる
make do with

m

バターの代わりにマーガリンで間に合わせる

(　　　) (　　) (　　　) margarine instead of butter

「～で済ます」という意味も覚えておきましょう。

□ 646 熟
寝ずに起きている
sit up

s

夜更かしをする

(　　) (　　) late at night

「夜遅くまで起きている」から「夜更かしをする」となります。

□ 647 熟
目立つ
stand out

s

会社の中で目立つ

(　　　　) (　　) in the company

□ 648 熟
～にうんざりしている
be sick of

be s

交通渋滞にうんざりしている

be (　　　) (　　) traffic jams

センテンスの空所を埋める ▶ センテンスを聞く　　　　　　　　　　　　　　　　　》162

① 彼は新しい仕事を見つけるのに苦労した。

He had (　　　　　　　　　) finding a new job.

② 私たちは昼食を残り物で済ませた。

We (　　　　) (　　) (　　　　) leftovers for lunch.

③ あなたが請求額を支払わなければ、電気は止められるだろう。

The electricity will be (　　) (　　) if you don't pay the bill.

④ 彼女は一晩中、寝ずにその小説を読んだ。

She (　　　) (　　) all night reading the novel.

⑤ 私は彼女の不平を聞くのにうんざりしている。

I'm (　　　　) (　　) hearing her complaints.

⑥ その少女はほかの子どもたちよりも目立っていた。

The girl (　　　　　) (　　　　) from the rest.

⑦ 集中している時は、私の邪魔をしないでください。

Don't (　　　　　　　) me when I'm concentrating.

⑧ 一般に赤ワインはステーキと合う。

Red wine generally (　　　　) (　　　) steak.

解答 ① difficulty (641)　② made do with (645)　③ cut off (643)　④ sat up (646)　⑤ sick of (648)
⑥ stood out (647)　⑦ interrupt (642)　⑧ goes with (644)

単語・熟語を読む ▶ 単語・熟語を書く ▶ フレーズの空所を埋める ▶ 単語・熟語・フレーズを聞く 　)) 163

□ 649 熟
時間をつぶす
kill time

k

テレビを見て時間をつぶす
(　　) (　　　　　) **by watching TV**

□ 650 熟
1人で
on one's own

o

一人旅をする
travel (　　) (　　　　) (　　　)

□ 651 熟
どんな犠牲を払っても
at all costs

a

どんな犠牲を払っても平和を維持する
maintain peace (　) (　　) (　　　)

□ 652 熟
～のいない所で
behind one's back

b

彼のいない所で彼の悪口を言う
speak ill of him (　　　　) (　　) (　　　)

□ 653 熟
実は
in reality

i

～だが、実は…
～, but (　　) (　　　　) **. . .**

□ 654 熟
もしそうなら
in that case

i

もしそうなら、私が～します
(　) (　　　) (　　　　)**, I'll do ～.**

□ 655 熟
邪魔になって
in the way

i

～の邪魔になる
get (　) (　　) (　　　) **of ～**

□ 656 熟
困って
in trouble

i

困っている人々を助ける
help people (　　) (　　　　　)

Day 41

センテンスの空所を埋める ▶ センテンスを聞く 》164

① もしそうなら、私はそれで結構です。

( ) ( ) ( ), I'm fine with it.

② どんな犠牲を払っても核兵器の使用は避けなければならない。

The use of nuclear weapons must be avoided ( ) ( ) ( ).

③ 困ったことがあったら、私に連絡してください。

If you are ( ) ( ), please contact me.

④ 彼は厳格に見えるかもしれないが、実はとても思いやりがある。

He may seem strict, but ( ) ( ), he's very warm-hearted.

⑤ 彼女は一人暮らしをするには若過ぎる。

She is too young to live ( ) ( ) ( ).

⑥ 私のいない所で何が起きているのか私は分からない。

I don't know what's going on ( ) ( ) ( ).

⑦ 私の便は遅れていたので、私は空港内の店を見て回って時間をつぶした。

My flight was delayed, so I ( ) ( ) by looking around the stores in the airport.

⑧ 岩が落ちてきて私たちの車の邪魔になった。

Rocks had fallen ( ) ( ) ( ) of our car.

解答 ① In that case (654) ② at all costs (651) ③ in trouble (656) ④ in reality (653)
⑤ on her own (650) ⑥ behind my back (652) ⑦ killed time (649) ⑧ in the way (655)

182

□ 657 熟
使用されて
in use

i
使用されていない
be not (　　) (　　　　)

□ 658 熟
〜と一緒に
along with

a
彼女と一緒に歩く
walk (　　　　) (　　　) her

□ 659 形
間違った
false
/fɔ́ːls/

f
〜ついて誤った印象を持っている
have a (　　　　) impression of 〜

発音注意！
この意味も押さえて
おきましょう。

□ 660 形
楽しい
pleasant
/plézənt/

p
楽しい夜
a (　　　　　) evening

発音注意！

□ 661 形
ひどい
severe
/səvíər/

s
ひどい腹痛
a (　　　　　) stomachache

□ 662 名
崩壊
collapse
/kəlǽps/

c
家屋の崩壊
the (　　　　　) of houses

□ 663 動
〜を決定する
determine
/ditə́ːrmin/

d
次に何をすべきか決める
(　　　　　　) what to do
next

アクセント注意！

□ 664 動
〜を台無しにする
ruin
/rúːin/

r
〜の機会を台無しにする
(　　　　) one's chances of 〜

① 次の会議の日取りはまだ決まっていない。

The date of the next meeting is yet to be (　　　　　　　) **.**

② 私たちはローマで楽しい日々を過ごした。

We spent (　　　　　) **days in Rome.**

③ 私たちと一緒に歌いましょう。

Sing (　　　) (　　　) **us.**

④ その校舎は地震での崩壊を防ぐために補強される必要がある。

The school building needs to be strengthened to prevent (　　　　　) **during an earthquake.**

⑤ 彼はギャンブルで人生を台無しにした。

He (　　　　) **his life by gambling.**

⑥ 彼はその自動車事故でひどいけがを負った。

He suffered (　　　　　) **injuries in the car accident.**

⑦ そのプリンターは現在使用中だ。

The printer is (　) (　　) **now.**

⑧ そのうわさは間違っていることが判明した。

The rumor turned out to be (　　　) **.**

解答 ① determined (663)　② pleasant (660)　③ along with (658)　④ collapse (662)　⑤ ruined (664)
⑥ severe (661)　⑦ in use (657)　⑧ false (659)

単語・熟語を読む ▶ 単語・熟語を書く ▶ フレーズの空所を埋める ▶ 単語・熟語・フレーズを聞く　》167

□ 665　熟
〜を心配する
care about

c
外見を気にする
(　　　　) (　　　　　　　) **one's appearance**

□ 666　熟
〜の一因となる
contribute to

c
彼の死の一因となる
(　　　　　　　　) (　　) **his death**

□ 667　熟
〜してびっくりしている
be amazed to do

be a
そのニュースを聞いて驚いている
be (　　　　　　　) (　　) **hear the news**

□ 668　熟
捕まらないで
at large

a
いまだ逃亡中である
remain (　　) (　　　　　　　)

この意味も押さえて
おきましょう。

□ 669　熟
予定通りに
on schedule

o
予定通りに出発する
depart (　　　) (　　　　　　　)

□ 670　動
〜を逆にする
reverse
/rivə́ːrs/

r
形勢を逆転させる
(　　　　　　) **the trend**

□ 671　形
適切な
appropriate
/əpróupriət/

a
適切な助言
(　　　　　　　　) **advice**

□ 672　形
白紙の
blank
/blǽŋk/

b
白紙
a (　　　　) **sheet of paper**

blank space で
「何も書いていないスペース」
→「空所」となります。

Day 42

① その寺が 1000 年以上も前に建てられたことを知って私はびっくりした。

I was (　　　　　　) (　) discover that the temple was built more than 1,000 years ago.

② 用紙の下にある空所にあなたの名前と住所を書いてください。

Please write your name and address in the (　　　　　) space at the bottom of the form.

③ 政府は治安を回復するために適切な対策を講じるべきだ。

The government should take (　　　　　　　　) steps to restore law and order.

④ 容疑者たちのうちの 2 人はいまだに捕まっていない。

Two of the suspects are still (　　) (　　　　).

⑤ そのイベントは予定通りに始まった。

The event started (　　　) (　　　　　　).

⑥ 二酸化炭素と同様に、フロンガスも地球温暖化の一因となっている。

Just like carbon dioxide, CFCs have (　　　　　　　　) (　　) global warming.

⑦ 現在の経済状況を逆転させるには数年かかるかもしれない。

It may take years to (　　　　　) the current economic situation.

⑧ ほとんどの親は子どもの将来を心配している。

Most parents (　　　　) (　　　　　) their children's future.

解答　① amazed to (667)　② blank (672)　③ appropriate (671)　④ at large (668)
　　　　　⑤ on schedule (669)　⑥ contributed to (666)　⑦ reverse (670)　⑧ care about (665)

MEMO

CHAPTER

6

程度・数量

Chapter 6では、英検2級
の語句補充問題で頻出の、
「程度・数量」関連の単語・
熟語128を押さえていきま
す。残りはわずか8日間!
ラストスパートをかけて完
走を目指しましょう!

Day 43　程度・数量1

CHAPTER 1　CHAPTER 2　CHAPTER 3　CHAPTER 4　CHAPTER 5　CHAPTER 6

単語・熟語を読む ▶ 単語・熟語を書く ▶ フレーズの空所を埋める ▶ 単語・熟語・フレーズを聞く　♪)169

□673 動
〜を減らす
reduce
/ridjúːs/

r

ごみを減らす
(　　　　　　) **garbage**

□674 副
特に
especially
/ispéʃəli/

e

特に若者の間で人気がある
be (　　　　　　) **popular among young people**

□675 熟
多数の〜
a number of

a

多数の人々
(　) **large** (　　　　　　)
(　) **people**

「いくらかの〜」も
表すので、large をつけて
明確にすることがあります。

□676 動
〜を含む
contain
/kəntéin/

c

多くの脂肪を含んでいる
(　　　　　　) **a lot of fat**

□677 副
その上
moreover
/mɔːróuvər/

m

〜で、その上…
〜 and (　　　　　　) **...**

□678 副
最近
recently
/ríːsntli/

r

ごく最近
only (　　　　　)

□679 熟
無料で
for free

f

無料で〜を手に入れる
get 〜 (　　) (　　　　)

□680 熟
少なくとも
at least

a

少なくとも 3000 ドルを持っている
have (　) (　　　) **$3,000**

189

センテンスの空所を埋める ▶ センテンスを聞く　　　　　　　　　　　　　　　》170

① キウイはオレンジの2倍のビタミンCを含んでいる。

Kiwis (　　　　　　　) twice as much vitamin C as oranges.

② 私は政治には特に関心はない。

I'm not (　　　　　　　) interested in politics.

③ その市は税収が落ちたため予算を削減した。

The city (　　　　　　) its budget due to falling tax revenue.

④ 少なくとも20人がその事故でけがをした。

(　　) (　　　　　) 20 people were injured in the accident.

⑤ 60歳以上の人は市営プールで無料で泳ぐことができる。

People aged 60 and over can swim (　　　) (　　　) in city pools.

⑥ 最近、何か面白い映画を見ましたか？

Have you seen any interesting movies (　　　　　　)?

⑦ 多くの市民がその式典に参列した。

(　　) large (　　　　　) (　　) citizens attended the ceremony.

⑧ その批評は不正確な上に、論点がずれている。

The criticism is inaccurate and (　　　　　　　) misses the point.

解答 · ① contain (676)　② especially (674)　③ reduced (673)　④ At least (680)　⑤ for free (679)
　　　⑥ recently (678)　⑦ A, number of (675)　⑧ moreover (677)

単語・熟語を読む ▶ 単語・熟語を書く ▶ フレーズの空所を埋める ▶ 単語・熟語・フレーズを聞く 🔊 171

□ 681 形
さまざまな
various
/véəriəs/

v_____

さまざまな問題
(　　　　　　) **problems**

□ 682 動
増加する
increase
/inkríːs/

i_____

劇的に増加する
(　　　　　　) **dramatically**

アクセント注意！

□ 683 動
〜を含む
include
/inklúːd/

i_____

すべてを含む
(　　　　　　) **everything**

□ 684 形
追加の
extra
/ékstrə/

e_____

追加料金
an (　　　　　) **charge**

□ 685 動
〜を集める
collect
/kəlékt/

c_____

証拠を集める
(　　　　　　) **evidence**

□ 686 動
減少する
decrease
/dikríːs/

d_____

価格が下がる
(　　　　　　) **in price**

アクセント注意！

□ 687 名
遅延
delay
/diléi/

d_____

遅延なしに
without (　　　　　)

□ 688 形
平均の
average
/ǽvəridʒ/

a_____

平均所得
(　　　　　　) **income**

Day 43

① 日本の年間平均降雨量は約 1800 ミリメートルだ。

The annual (　　　　　) rainfall in Japan is about 1,800 millimeters.

② そのプロジェクトを終了させるには追加資金が必要だ。

We need (　　　) funds to complete the project.

③ その会議ではさまざまな意見が出された。

(　　　　　) opinions were expressed at the meeting.

④ その都市での犯罪はこの数年間で増加している。

Crime in the city has (　　　　　) over the past few years.

⑤ この価格は税金を含んでいますか？

Does this price (　　　　) tax?

⑥ 昨年、新車販売台数は 40 パーセント近く減少した。

New car sales (　　　　) nearly 40 percent last year.

⑦ その橋の建設は大きく遅れている。

There has been a long (　　　　) in the construction of the bridge.

⑧ 私たちはできるだけ多くの情報を集める必要がある。

We need to (　　　) as much information as possible.

解答 ① average (688)　② extra (684)　③ Various (681)　④ increased (682)　⑤ include (683)
⑥ decreased (686)　⑦ delay (687)　⑧ collect (685)

Day 44　程度・数量2

単語・熟語を読む ▶ 単語・熟語を書く ▶ フレーズの空所を埋める ▶ 単語・熟語・フレーズを聞く　� 173

□ 689 　動
〜を得る
gain
/géin/

g_____

勝利を収める
(　　　　　) a victory

□ 690 　熟
特に
in particular

i_____

特に〜が大好きである
love 〜 (　　) (　　　　　　　)

□ 691 　形
普通の
ordinary
/ɔ́ːrdənèri/

o_____

通常の営業時間
(　　　　　　　) business hours

この意味も押さえておきましょう。

□ 692 　副
完全に
completely
/kəmplíːtli/

c_____

〜から完全に回復する
recover (　　　　　　　) from 〜

□ 693 　名
詳細
detail
/díːteil/

d_____

〜の詳細を書き留める
take down the (　　　　　) of 〜

複数形が入ります。

□ 694 　名
温度
temperature
/témpərətʃər/

t_____

温度の上昇
a rise in (　　　　　　　)

「気温」という意味も覚えておきましょう。

□ 695 　形
個々の
individual
/ìndəvídʒuəl/

i_____

個々の要求
(　　　　　　　) needs

アクセント注意！

□ 696 　名
残り
rest
/rést/

r_____

残りの人生
the (　　　　) of one's life

セントンスの空所を埋める ▶ センテンスを聞く　　　　　　　　　　　　))174

① その車について特に何が気に入っていますか？

What (　　) (　　　　　　　　　　) do you like about the car?

② 私はその日の残りをのんびりして過ごした。

I spent the (　　　　) of the day relaxing.

③ 詳細については、電子メールでお問い合わせください。

For (　　　　　　), please contact us by e-mail.

④ インターネットはコミュニケーションの方法を完全に変えた。

The Internet has (　　　　　　　　　) changed the way we communicate.

⑤ その国では普通の人々は車を買う余裕がない。

In that country, (　　　　　　　) people cannot afford cars.

⑥ 首相は個々のケースについてコメントするのを拒んだ。

The prime minister refused to comment on (　　　　　　　) cases.

⑦ その政党は中産階級の人々からの支持を得ている。

The party has (　　　　　) support from middle-class people.

⑧ 産業革命以降、地球の気温は徐々に上昇している。

The global (　　　　　　　　) has been rising steadily since the Industrial Revolution.

解答

① in particular (690)　② rest (696)　③ details (693)　④ completely (692)　⑤ ordinary (691)
⑥ individual (695)　⑦ gained (689)　⑧ temperature (694)

Day 44　程度・数量2

単語・熟語を読む ▶ 単語・熟語を書く ▶ フレーズの空所を埋める ▶ 単語・熟語・フレーズを聞く 　》175

□ 697 熟
さまざまな〜
a variety of

a

さまざまな商品
(　　)(　　　　　　)(　　) **goods**

□ 698 副
最近
lately
/léitli/

l

最近、忙しい
have been busy (　　　　)

□ 699 副
主に
mainly
/méinli/

m

主に〜が原因で
(　　　　　　) **because of 〜**

□ 700 形
最近の
recent
/ríːsnt/

r

最近撮った写真
a (　　　　　) **photo**

in recent years
で「ここ数年で」
を表します。

□ 701 動
〜を制限する
limit
/límit/

l

参加者数を30人に制限する
(　　　) **the number of participants to 30**

□ 702 形
普通の
common
/kámən/

c

普通の人
the (　　　　　) **man**

□ 703 熟
〜を減らす
cut down

c

経費を削減する
(　　)(　　) **costs**

この意味も
押さえて
おきましょう。

□ 704 熟
数千もの〜
thousands of

t

数千人もの人々
(　　　　　　)(　　) **people**

Day 44

① 講演者たちは発表を最長 20 分に制限するよう求められていた。

The speakers were asked to (　　　　) their presentation to 20 minutes maximum.

② ジャイアントパンダは竹を主食とする。

The giant panda (　　　　) eats bamboo.

③ 彼女はさまざまなハーブを庭で栽培している。

She grows (　) (　　　　) (　) herbs in her garden.

④ ここ数カ月で、その国の経済は著しく減速した。

In (　　　　) months, the country's economy has slowed down significantly.

⑤ その会社は従業員数を減らした。

The company has (　　) (　　　　) its number of employees.

⑥ 「鈴木」という名字は日本でとても多い。

The surname "Suzuki" is very (　　　　) in Japan.

⑦ 彼女は最近、体調がよくない。

She hasn't been feeling well (　　　　).

⑧ アーリア人は数千年前にインドに移動してきた。

Aryans migrated to India (　　　　) (　) years ago.

| 解答 | ① limit (701)　② mainly (699)　③ a variety of (697)　④ recent (700)　⑤ cut down (703)
⑥ common (702)　⑦ lately (698)　⑧ thousands of (704) |

Day 45 程度・数量3

単語・熟語を読む ▶ 単語・熟語を書く ▶ フレーズの空所を埋める ▶ 単語・熟語・フレーズを聞く 》177

□705 動
~を下げる
lower
/lóuər/

l

~の音量を下げる
(　　　　) **the volume of ~**

□706 形
一定の
certain
/sə́:rtn/

c

一定の時刻に
at a (　　　　) **time**

発音注意！

□707 副
正確に
exactly
/igzǽktli/

e

ちょうど20人
(　　　　) **20 people**

この意味も押さえておきましょう。

□708 副
定期的に
regularly
/régjulərli/

r

定期的に運動する
exercise (　　　　)

□709 名
10年間
decade
/dékeid/

d

この数十年の間に
for the past few (　　　　)

複数形が入ります。

□710 名
価値
value
/vǽlju:/

v

大変な価値がある
be of great (　　　　)

□711 形
普通の
normal
/nɔ́:rməl/

n

通常の営業時間
(　　　　) **business hours**

この意味も押さえておきましょう。

□712 熟
何百万もの~
millions of

m

何百万ドル
(　　　　)(　　) **dollars**

Day 45

① 私はかかりつけの医者の所に健康診断のため定期的に行っている。

I go to my doctor (   ) for checkups.

② 彼女はマーケティングの分野で一定の経験がある。

She has a (   ) amount of experience in the field of marketing.

③ この情報は実用的な価値がほとんどない。

This information is of little practical (   ).

④ その都市の人口は 20 年で 2 倍になった。

The city's population has doubled in two (   ).

⑤ 夫婦が時々言い争うのは普通のことだ。

It is (   ) for couples to argue from time to time.

⑥ 何百万もの人々がその就任式をインターネットで見た。

(   ) (   ) people watched the inauguration on the Internet.

⑦ 声を小さくしてくれますか？

Can you (   ) your voice, please?

⑧ 私はその日に起きたことを正確に覚えている。

I remember (   ) what happened that day.

解答　① regularly (708)　② certain (706)　③ value (710)　④ decades (709)　⑤ normal (711)
⑥ Millions of (712)　⑦ lower (705)　⑧ exactly (707)

単語・熟語を読む ▶ 単語・熟語を書く ▶ フレーズの空所を埋める ▶ 単語・熟語・フレーズを聞く　》179

□ 713 形
現在の
current
/kə́:rənt/

c
現在の経済危機
the (　　　　　) economic crisis

□ 714 動
〜を集める
gather
/gǽðər/

g
〜の資料を集める
(　　　　　) material for 〜

□ 715 形
通常の
regular
/régjulər/

r
通常価格
the (　　　　　) price

□ 716 副
徐々に
gradually
/grǽdʒuəli/

g
徐々に増加する
(　　　　　) increase

□ 717 熟
その上
in addition

i
〜で、その上…
〜, and (　　) (　　　　　), . . .

□ 718 熟
幅広い〜
a wide range of

a
幅広い価格帯
(　) (　　　　) (　　　　) (　) prices

□ 719 動
〜を見積もる
estimate
/éstəmèit/

e
費用を 1000 ドルと見積もる
(　　　　　) the cost at $1,000

発音注意！

□ 720 動
〜を含む
involve
/inválv/

i
危険を伴う仕事
a job (　　　　　) risk

進行形が入ります。
この意味も押さえて
おきましょう。

199

Day 45

① 世界の人口は 2050 年までに 100 億に達すると見積もられている。

The world population is (　　　　　　　　) to reach 10 billion by 2050.

② 外は寒く、その上強い風が吹いている。

It is cold outside, and (　　) (　　　　　　　), a strong wind is blowing.

③ ホワイト氏はこの店の常連客だ。

Mr. White is a (　　　　　) customer of this store.

④ インターネットは情報を集める最良の場所の 1 つだ。

The Internet is one of the best places to (　　　　) information.

⑤ その仕事には国内外への多くの出張が含まれる。

The job (　　　　　) much travelling both within and outside the country.

⑥ あなたの現在の職業は何ですか？

What is your (　　　　　) occupation?

⑦ その店は幅広い種類の商品を扱っている。

The store carries (　) (　　　) (　　　) (　) merchandise.

⑧ 経済は景気後退から徐々に回復している。

The economy is (　　　　　) recovering from a recession.

解答　① estimated (719)　② in addition (717)　③ regular (715)　④ gather (714)　⑤ involves (720)　⑥ current (713)　⑦ a wide range of (718)　⑧ gradually (716)

単語・熟語を読む ▶ 単語・熟語を書く ▶ フレーズの空所を埋める ▶ 単語・熟語・フレーズを聞く　》181

□721 形
正確な
accurate
/ǽkjurət/

a
正確な情報
( ) **information**

□722 熟
平均して
on average

o
平均して8時間睡眠を取る
sleep eight hours ( ) ( )

□723 動
〜を満たす
meet
/míːt/

m
需要を満たす
( ) **demands**

□724 名
度
degree
/digríː/

d
セ氏30度
30 ( ) **Celsius**

複数形が入ります。

□725 副
その上
additionally
/ədíʃənli/

a
さらに〜を提供する
( ) **offer 〜**

この意味も押さえておきましょう。

□726 副
完全に
entirely
/intáiərli/

e
完全に〜というわけではない
not ( )

□727 副
ますます
increasingly
/inkríːsiŋli/

i
ますます人気が広まる
become ( ) **popular**

□728 熟
AをBと比較する
compare A to B

c
〜と比較すると
( ) ( ) 〜

過去分詞形が入ります。

Day 46

センテンスの空所を埋める ▸ センテンスを聞く　🔊182

① 外は寒く、その上、風が強い。

It's cold and (　　　　　　　　　　) windy outside.

② この製品は安全基準を満たしていない。

This product does not (　　　　　) safety standards.

③ 彼は今年の売上高を昨年のものと比較した。

He (　　　　　　　　) this year's sales figures (　　) last year's.

④ 平均すると、女性は男性よりも寿命が長い。

(　　) (　　　　　　　), women live longer than men.

⑤ その目撃者は事故を正確に描写した。

The witness gave an (　　　　　　　) description of the accident.

⑥ 三角形の内角の和は 180 度だ。

The sum of the interior angles of a triangle is 180 (　　　　　　).

⑦ 近年、価格競争がますます激しくなっている。

In recent years, price competition has grown (　　　　　　　　　　) severe.

⑧ 私は完全にその提案に賛成だ。

I (　　　　　　) agree with the proposal.

解答

①additionally (725)　②meet (723)　③compared, to (728)　④On average (722)
⑤accurate (721)　⑥degrees (724)　⑦increasingly (727)　⑧entirely (726)

単語・熟語を読む ▶ 単語・熟語を書く ▶ フレーズの空所を埋める ▶ 単語・熟語・フレーズを聞く))) 183

□ 729 熟
今までのところ
so far

s.

今までのところはうまくいっている
( ) ( ) so good

□ 730 名
不足
shortage
/ʃɔ́ːrtidʒ/

s.

食料不足
a ( ) of food

□ 731 動
～を拡大する
expand
/ikspǽnd/

e.

その空港を拡張する
( ) the airport

この意味も押さえておきましょう。

□ 732 熟
～まで
up to

u.

40人まで
( ) ( ) 40 people

□ 733 名
人口
population
/pɑ̀pjuléiʃən/

p.

人口爆発
( ) explosion

□ 734 動
～を強化する
strengthen
/stréŋkθən/

s.

～との関係を強化する
( ) one's relationship with ～

□ 735 副
急速に
rapidly
/rǽpidli/

r.

急速に成長している経済
a ( ) growing economy

□ 736 熟
～を占める
account for

a.

～の大半を占める
( ) ( ) the majority of ～

センテンスの空所を埋める ▶ センテンスを聞く　　　　　　　　　　　　　　　　》184

① その国は深刻な水不足に苦しんでいる。

The country is suffering severe water (　　　　　　　　).

② その地域の人口は急速に増加している。

The (　　　　　　　　) in the region has been growing rapidly.

③ その船は乗客を 800 人まで乗せることができる。

The ship can carry (　　) (　　) 800 passengers.

④ 日本社会は急速に高齢化している。

Japanese society is aging (　　　　　).

⑤ イスラム教徒はインドネシアの人口の約 90 パーセントを占める。

Muslims (　　　　　　) (　　) about 90 percent of Indonesia's population.

⑥ その会社は事業を中国で拡大した。

The company has (　　　　　　　) its operations in China.

⑦ 首相の最優先事項は国内経済を強化することだ。

The prime minister's first priority is to (　　　　　　　) the domestic economy.

⑧ 今までのところ、私たちはその建設の 60 パーセントを終了している。

(　　) (　　　), we have finished 60 percent of the construction.

解答　① shortages (730)　② population (733)　③ up to (732)　④ rapidly (735)　⑤ account for (736)
　　　⑥ expanded (731)　⑦ strengthen (734)　⑧ So far (729)

単語・熟語を読む ▶ 単語・熟語を書く ▶ フレーズの空所を埋める ▶ 単語・熟語・フレーズを聞く　 ◈ 185

□ 737 熟
〜から成り立つ
consist of

c

10 人の委員から成り立つ
(　　　　　　　) (　　) **10 members**

□ 738 熟
一般に
in general

i

一般の人々
people (　　) (　　　　　　)

□ 739 熟
多量の〜
a great deal of

a

多量のガソリン
(　) (　　　　　) (　　　　) (　　) **gasoline**

□ 740 形
全般的な
general
/dʒénərəl/

g

一般的な言い方で
in (　　　　　) **terms**

□ 741 副
ほとんど
nearly
/níərli/

n

ほとんどいつも
(　　　　　　) **always**

「ほぼ」という
意味も覚えて
おきましょう。

□ 742 副
もともとは
originally
/ərídʒənəli/

o

もともとは〜出身である
come (　　　　　　) **from 〜**

□ 743 副
めったに〜しない
rarely
/réərli/

r

めったに肉を食べない
(　　　　) **eat meat**

□ 744 熟
〜を構成する
make up

m

〜の大多数を構成する
(　　　　) (　　) **the majority of 〜**

Day 47

① ヒスパニックはその市の人口の 32 パーセントを構成している。

Hispanics (　　　　) (　　) 32 percent of the city's population.

② 彼は時事問題に関する全般的な知識を持っている。

He has (　　　　) knowledge of current events.

③ この建物はもともとは美術館として使用されていた。

This building was (　　　　　　) used as a gallery.

④ 私は今学期の研究課題をほぼ終えた。

I've (　　　　) finished my assignments for this semester.

⑤ その地震は多くの損害をもたらした。

The earthquake caused (　) (　　　　) (　　　) (　) damage.

⑥ 米国は 50 の州から成り立っている。

The US (　　　　　) (　) 50 states.

⑦ 一般に、北欧人はアジア人よりも背が高い。

(　) (　　　　　　), Northern Europeans are taller than Asians.

⑧ 彼女はめったにスカートをはかない。

She (　　　　) wears skirts.

解答　① make up (744)　② general (740)　③ originally (742)　④ nearly (741)　⑤ a great deal of (739)
⑥ consists of (737)　⑦ In general (738)　⑧ rarely (743)

単語・熟語を読む ▶ 単語・熟語を書く ▶ フレーズの空所を埋める ▶ 単語・熟語・フレーズを聞く　》187

□ 745 熟
〜を蓄える
put aside

p

緊急の場合に備えて金を蓄える
(　　) (　　　　　　　) **money for an emergency**

□ 746 熟
時々
once in a while

o

彼に時々会う
meet him (　　　) (　) (　) (　　　　　)

□ 747 熟
はるかに
by far

b

〜よりはるかに面白い
be (　　) (　　　) **more interesting than 〜**

最上級を強めて「飛び抜けて」を表すこともあります。

□ 748 熟
前もって
in advance

i

前もってホテルを予約する
reserve a hotel (　) (　　　　　)

□ 749 副
その上
furthermore
/fə́ːrðərmɔ̀ːr/

f

〜で、その上…
〜 and (　　　　　　) **...**

□ 750 副
すぐに
immediately
/imíːdiətli/

i

すぐに出発する
leave (　　　　　　)

□ 751 熟
今
at the moment

a

今、料理中である
be cooking (　) (　　) (　　　　　)

□ 752 熟
全般的に見て
by and large

b

〜だが、全般的に見て…
〜, but (　　) (　　　) (　　　　) **...**

Day 47

① 彼女はクラスで飛び抜けて優秀な生徒だ。

She is ( ) ( ) **the best student in the class.**

② 私は毎月 500 ドルを貯金している。

I ( ) ( ) **$500 every month.**

③ そのピアニストは優れた才能がある上に、美しい。

The pianist is gifted and ( ) **beautiful.**

④ 全般的に見て、状況は改善してきている。

( ) ( ) ( ), **the situation has improved.**

⑤ 私は仕事の後にすぐに帰宅した。

I went home ( ) **after work.**

⑥ 時々、彼はトレーニングをしにジムへ行く。

( ) ( ) ( ) ( ), **he goes to a gym for a workout.**

⑦ 授業料は前もって全額支払われなければならない。

Tuition fees must be paid ( ) ( ) **and in full.**

⑧ 彼は今、仕事でとても忙しい。

He is very busy with work ( ) ( ) ( ).

解答 ① by far (747) ② put aside (745) ③ furthermore (749) ④ By and large (752)
⑤ immediately (750) ⑥ Once in a while (746) ⑦ in advance (748) ⑧ at the moment (751)

208

単語・熟語を読む ▶ 単語・熟語を書く ▶ フレーズの空所を埋める ▶ 単語・熟語・フレーズを聞く　　)) 189

□ 753 熟
長い間
for ages

f
長い間続く
last (　　　) (　　　　　)

□ 754 熟
順番に
in turn

j
順番に休憩する
take a break (　　) (　　　　)

□ 755 名
減少
decline
/dikláin/

d
輸出の減少
a (　　　　　　) **in exports**

「下落」という
意味も覚えて
おきましょう。

□ 756 形
極度の
extreme
/ikstrí:m/

e
極度の疲労
(　　　　　　) **tiredness**

□ 757 形
以前の
previous
/prí:viəs/

p
以前の経験
(　　　　　　) **experience**

発音注意！

□ 758 形
中古の
secondhand
/sékəndhǽnd/

s
中古車
a (　　　　　　　) **car**

□ 759 副
頻繁に
frequently
/frí:kwəntli/

f
よく映画を見に行く
go to the movies (　　　　　　)

アクセント注意！

□ 760 熟
その間に
in the meantime

j
その間に～したらどうですか？
(　　) (　　　) (　　　　　), **why don't you do ～?**

Day 48

① 私はその中古カメラをフリーマーケットで買った。

I bought the (　　　　　　　　　　) **camera from a flea market.**

② 株式市場が5パーセント下落した。

There was a 5 percent (　　　　　　) **in the stock market.**

③ 彼はそれぞれの来客に順番におじぎをした。

He bowed to each guest (　　) (　　　　).

④ 当店のオンラインストアは間もなく完成しますので、その間は電話または電子メールでご連絡ください。

Our online store is coming soon, so (　　) (　　　　) (　　　　　　　　),
please call or e-mail us.

⑤ 売上高は前年よりも30パーセント近く増加した。

Sales increased nearly 30 percent over the (　　　　　　) **year.**

⑥ 子どもは大人よりも頻繁に風邪をひく。

Children catch colds more (　　　　　　　) **than adults.**

⑦ 私は彼に長い間会っていない。

I haven't seen him (　　　) (　　　　).

⑧ 世界の人口の4分の1以上は極度の貧困の中で生活している。

More than one in four of the world's population live in (　　　　　)
poverty.

解答　① secondhand (758)　② decline (755)　③ in turn (754)　④ in the meantime (760)
　　　　⑤ previous (757)　⑥ frequently (759)　⑦ for ages (753)　⑧ extreme (756)

Day 48　程度・数量6

单語・熟語を読む ▶ 単語・熟語を書く ▶ フレーズの空所を埋める ▶ 単語・熟語・フレーズを聞く))191

□761 形
先進の
advanced
/ædvǽnst/

a

先進国
an (　　　) country

□762 動
異なる
vary
/véəri/

v

価格が異なる
(　　) in price 発音注意！

□763 副
ほとんど～しない
hardly
/hάːrdli/

h

ほとんど金を持っていない
have (　　) any money

□764 副
比較的
relatively
/rélətivli/

r

比較的安いレストラン
a (　　) inexpensive restaurant

□765 熟
詳細に
in detail

i

その問題について詳細に検討する
discuss the matter (　) (　　)

□766 熟
～は言うまでもなく
let alone

l

英語が読めないのは言うまでもなく、話すこともできない
**can't speak English, (　)
(　　) read it** 「～どころか」という意味も覚えておきましょう。

□767 熟
それどころか
on the contrary

o

～であるどころか…
～; (　) (　　) (　　), . . .

□768 形
劇的な
dramatic
/drəmǽtik/

d

劇的な改善
(　　) improvement

211

Day 48

① ハイブリッドカーには先進技術が装備されている。

Hybrid cars are equipped with ( ) **technology.**

② 彼はとても疲れていたので、ほとんど立っていられなかった。

He was so tired that he could ( ) **stand.**

③ 給与は、職種、経験、そしてそのほかの多くの要素に従って異なる。

Salaries ( ) **according to the kind of work, experience, and many other factors.**

④ それどころか、状況は悪化している。

( ) ( ) ( ), **the situation is getting worse.**

⑤ 彼はその事件を極めて詳細に説明した。

He described the incident ( ) **great** ( ).

⑥ 彼は残りの人たちについていけないどころか、歩くことさえほとんどできなかった。

He could hardly walk, ( ) ( ) **keep up with the rest.**

⑦ 農村部の賃金は都市部より比較的低い。

The wages in rural areas are ( ) **lower than in urban areas.**

⑧ 売り上げに劇的な増加があった。

There was a ( ) **increase in sales.**

解答 | ① advanced (761) ② hardly (763) ③ vary (762) ④ On the contrary (767) ⑤ in, detail (765)
⑥ let alone (766) ⑦ relatively (764) ⑧ dramatic (768)

単語・熟語を読む ▶ 単語・熟語を書く ▶ フレーズの空所を埋める ▶ 単語・熟語・フレーズを聞く　♪ 193

□ 769 　動
〜を消費する
consume
/kənsjúːm/

c_____

多くの時間と労力を消費する
(　　　　　　　　) **much time and effort**

□ 770 　副
非常に
extremely
/ikstríːmli/

e_____

非常に難しい
be (　　　　　　　　) **difficult**

□ 771 　副
かなり
rather
/ræðər/

r_____

かなり疲れている
be (　　　　　) **tired**

□ 772 　熟
〜を遅らせる
hold up

h_____

交通をまひさせる
(　　　) (　　) **traffic**

「交通を遅らせる」→
「交通をまひさせる」
となります。

□ 773 　熟
時々
now and then

n_____

時々、1日休みを取る
take a day off (　　　) (　　　) (　　　　)

□ 774 　熟
少しも〜でない
anything but

a_____

少しも簡単でない
be (　　　　　) (　　　) **easy**

「〜どころではない」
という意味も
覚えておきましょう。

□ 775 　熟
まして〜ではない
much less

m_____

ドイツ語を読めないし、まして書くこともできない
can't read German, (　　　　) (　　　) **write it**

□ 776 　熟
〜は言うまでもなく
not to mention

n_____

ハンサムなのは言うまでもなく、頭もいい
be intelligent, (　　．　) (　　)
(　　　　　　) **handsome**

「〜に加えて」
という意味も覚えて
おきましょう。

Day 49

① 生物学の試験はかなり難しかった。

The biology exam was (　　　　　　) difficult.

② その国の状況は正常どころではない。

The situation in the country is (　　　　　　) (　　　) normal.

③ 東京は夏は非常に蒸し暑い。

Tokyo is (　　　　　　　) humid in summer.

④ そのレストランの料理は安い上に素晴らしい。

The food at the restaurant is excellent, (　　) (　　) (　　　　　　) inexpensive.

⑤ 専門家でさえも時々間違うことがある。

Even professionals make mistakes (　　　) (　　　) (　　　　).

⑥ ハイブリッドカーは従来の車よりもガソリンの消費量が少ない。

Hybrid cars (　　　　　　) less gasoline than conventional cars.

⑦ その便は 2 時間ほど遅れた。

The flight was (　　　　) (　　) for about two hours.

⑧ その国では、ほとんどの人に電気が行き渡っていないし、ましてテレビなどない。

In that country, most people don't have electricity, (　　　　) (　　　) television.

解答　① rather (771)　② anything but (774)　③ extremely (770)　④ not to mention (776)
　　　⑤ now and then (773)　⑥ consume (769)　⑦ held up (772)　⑧ much less (775)

単語・熟語を読む ▶ 単語・熟語を書く ▶ フレーズの空所を埋める ▶ 単語・熟語・フレーズを聞く ◎ 195

□ 777 熟
～より前に
ahead of

a
予定より早く
(　　　　　) (　　) schedule

□ 778 熟
一連の～
a series of

a
一連の殺人事件
(　) (　　　　　) (　　) murders

□ 779 形
正確な
exact
/igzǽkt/

e
正確な距離
the (　　　　　) distance

□ 780 形
特別の
particular
/pərtíkjulər/

p
特別な理由もなく
for no (　　　　　) reason

アクセント注意!

□ 781 名
不足
lack
/lǽk/

l
経験不足
(　　　　) of experience

□ 782 名
大多数
majority
/mədʒɔ́:rəti/

m
圧倒的多数
the vast (　　　　　)

□ 783 動
～を拡張する
extend
/iksténd/

e
滑走路を拡張する
(　　　　　) the runway

家について使えば
「～を建て増す」を
表すこともあります。

□ 784 副
劇的に
dramatically
/drəmǽtikəli/

d
劇的に増加する
increase (　　　　　)

センテンスの空所を埋める ▶ センテンスを聞く 》196

① そのプロジェクトは資金不足のため一時中断となった。

The project was suspended for (　　　　) of funds.

② 政府は雇用を創出するための一連の政策を実施している。

The government has implemented (　) (　　　　　) (　) policies to create jobs.

③ その便は定刻の 10 分前に到着した。

The flight arrived 10 minutes (　　　　　) (　) time.

④ 私は自宅を建て増しするつもりだ。

I'm going to (　　　　　) my house.

⑤ 地元住民の大多数はその計画に反対している。

The (　　　　　) of local people are against the project.

⑥ 彼の健康状態は劇的に改善している。

His health has improved (　　　　　　).

⑦ 私は政治には特に関心はない。

I have no (　　　　　) interest in politics.

⑧ 正確な時間を教えてくれますか？

Can you tell me the (　　　) time?

解答 ① lack (781)　② a series of (778)　③ ahead of (777)　④ extend (783)　⑤ majority (782)
⑥ dramatically (784)　⑦ particular (780)　⑧ exact (779)

単語・熟語を読む ▶ 単語・熟語を書く ▶ フレーズの空所を埋める ▶ 単語・熟語・フレーズを聞く 》197

□ 785 熟
〜を使う
make use of

m

時間を最大限に使う
(　　　　　) the best (　　　　)
(　　) one's time

「〜を利用する」という意味も覚えておきましょう。

□ 786 熟
連続して
in a row

i

3回続けて
three times (　　) (　　) (　　　　)

□ 787 熟
長い目で見れば
in the long run

i

長い目で見ればうまくいくだろう
will be fine (　　) (　　　) (　　　) (　　　)

□ 788 熟
断続的に
on and off

o

数日間断続的に続く
continue (　　) (　　　) (　　) for several days

□ 789 名
消費（量）
consumption
/kənsʌ́mpʃən/

c

電気消費量
electricity (　　　　　　　　　)

□ 790 副
単に
simply
/símpli/

s

単に〜だから
(　　　　　　) because 〜

□ 791 熟
〜を返す
pay back

p

ローンを返済する
(　　　) (　　　) a loan

この意味も押さえておきましょう。

□ 792 形
全体の
overall
/òuvərɔ́:l/

o

〜の全体的な印象
the (　　　　　　) impression of 〜

アクセント注意！

センテンスの空所を埋める ▶ センテンスを聞く   ))) 198

① 私は彼から借りた 50 ドルを返した。

I (　　　　) (　　　　　) $50 I borrowed from him.

② ここ数日間、断続的に雨が降っている。

It has been raining (　　) (　　　) (　　) for the last couple of days.

③ 私たちは地球温暖化を遅らせるために化石燃料の消費を減少させる必要がある。

We need to reduce fossil fuel (　　　　　　　　　　　　　　) to slow global warming.

④ 3 日間連続して雨が降っている。

It has been raining for three days (　) (　) (　　　).

⑤ あなたはこの機会を十分に利用したほうがいい。

You should (　　　　) good (　　　) (　) this opportunity.

⑥ その橋の全長は約 500 メートルだ。

The (　　　　　) length of the bridge is approximately 500 meters.

⑦ 彼の努力は長い目で見れば報われるだろう。

His efforts will be rewarded (　) (　　　) (　　　) (　　　).

⑧ 私は単に真実を知りたいだけだ。

I (　　　　　) want to know the truth.

解答
① paid back (791)　② on and off (788)　③ consumption (789)　④ in a row (786)
⑤ make, use of (785)　⑥ overall (792)　⑦ in the long run (787)　⑧ simply (790)

単語・熟語を読む ▶ 単語・熟語を書く ▶ フレーズの空所を埋める ▶ 単語・熟語・フレーズを聞く　)) 199

□ 793 名
聴衆
audience
/ɔ́:diəns/

a
聴衆に話しかける
speak to an (　　　　　)

□ 794 名
数字
figure
/fígjər/

f
失業者数
unemployment (　　　　)
複数形が入ります。

□ 795 動
〜を延期する
postpone
/poustpóun/

p
会議を来週まで延期する
(　　　　　　) the meeting until next week

□ 796 形
ひどい
awful
/ɔ́:fəl/

a
ひどいけが
an (　　　　) injury

□ 797 熟
〜を使い果たす
run out of

r
時間を使い果たす
(　　) (　　) (　　) time

□ 798 形
重要な
significant
/signífikənt/

s
〜に重大な影響を与える
have a (　　　　　)
impact on 〜
アクセント注意！この意味も押さえておきましょう。

□ 799 形
全部の
whole
/hóul/

w
国全体
the (　　　　) country
「丸〜」という意味も覚えておきましょう。

□ 800 副
同様に
equally
/í:kwəli/

e
同様にうまく機能する
work (　　　　) well
アクセント注意！

① 大統領の演説は大勢の聴衆を引きつけた。

The president's speech attracted a large (　　　　　).

② 私は砂糖を使い切ってしまった。

I've (　　　) (　　　) (　　　) sugar.

③ その試合は雨のため延期された。

The game was (　　　　　　　) due to rain.

④ 印象主義は絵画の歴史において重要な役割を果たした。

Impressionism played a (　　　　　　) role in the history of painting.

⑤ 私は丸一日を勉強して過ごした。

I spent the (　　　　) day studying.

⑥ そのホテルのサービスは本当にひどかった。

The service at the hotel was really (　　　).

⑦ どちらの問題も同様に重要だ。

Both issues are (　　　　) important.

⑧ 当社の売上高は昨年と比べて 20 パーセント近く増えた。

Our sales (　　　　　) have increased by nearly 20 percent over last year.

解答　① audience（793）　② run out of（797）　③ postponed（795）　④ significant（798）　⑤ whole（799）　⑥ awful（796）　⑦ equally（800）　⑧ figures（794）

Index

本書に登場した単語・熟語をまとめてあります。
それぞれの右側にある数字は、見出し番号を表しています。

☐ end up	601	
☐ entertain	310	
☐ entirely	726	
☐ environment	113	
☐ environmental	139	
☐ equally	800	
☐ equipment	126	
☐ especially	674	
☐ essential	610	
☐ establish	057	
☐ estimate	719	
☐ eventually	544	
☐ evidence	232	
☐ evolution	181	
☐ exact	779	
☐ exactly	707	
☐ exaggerate	527	
☐ examine	141	
☐ exchange	374	
☐ exhibition	092	
☐ expand	731	
☐ expect	351	
☐ experience	254	
☐ experiment	129	
☐ expert	118	
☐ explore	152	
☐ export	323	
☐ extend	783	
☐ extinction	218	
☐ extra	684	
☐ extreme	756	
☐ extremely	770	
☐ eyesight	159	

F

☐ face 611

☐ facility	043
☐ factor	013
☐ fake	630
☐ false	659
☐ fault	107
☐ feature	583
☐ fee	255
☐ feed	362
☐ feedback	510
☐ feel like doing	493
☐ figure	794
☐ fill out	488
☐ financial	287
☐ find out	338
☐ fingerprint	080
☐ fix	383
☐ flexible	460
☐ focus on	380
☐ follow	384
☐ for ages	753
☐ for free	679
☐ for instance	366
☐ for sure	508
☐ for the sake of	472
☐ force A to do	409
☐ forecast	452
☐ form	008
☐ fossil	166
☐ foundation	081
☐ frequently	759
☐ fuel	023
☐ function	200
☐ furthermore	749

G

☐ gain 689

☐ gallery	041
☐ garbage	019
☐ gather	714
☐ general	740
☐ generate	580
☐ get along with	622
☐ get over	623
☐ get rid of	357
☐ global warming	136
☐ go ahead with	297
☐ go with	644
☐ goods	260
☐ gradually	716
☐ greenhouse	206
☐ growth	570
☐ guarantee	324

H

☐ habit	473
☐ hand in	389
☐ hand out	503
☐ hang up	504
☐ hardly	763
☐ harm	550
☐ harmful	567
☐ have second thoughts	469
☐ have trouble doing	533
☐ head for	440
☐ heal	585
☐ hire	230
☐ hit on	441
☐ hold the line	431
☐ hold up	772
☐ household	069
☐ housework	108

☐ make use of	785
☐ mall	270
☐ manage	267
☐ manage to do	418
☐ manufacture	280
☐ material	140
☐ mayor	275
☐ measure	137
☐ medical	121
☐ medicine	119
☐ meet	723
☐ mention	411
☐ method	116
☐ migrate	213
☐ millions of	712
☐ mixture	608
☐ modern	138
☐ monitor	064
☐ moreover	677
☐ move on to	463
☐ much less	775
☐ muscle	187

N

☐ nearby	542
☐ nearly	741
☐ negative	599
☐ neighborhood	010
☐ nervous	169
☐ nevertheless	356
☐ no longer	555
☐ normal	711
☐ not to mention	776
☐ notice	349
☐ now and then	773

O

☐ observe	193
☐ obtain	072
☐ obvious	631
☐ occur	600
☐ occur to	490
☐ offer	344
☐ official	273
☐ on and off	788
☐ on average	722
☐ on duty	291
☐ on one's own	650
☐ on purpose	449
☐ on schedule	669
☐ on the contrary	767
☐ on the other hand	367
☐ on time	540
☐ once in a while	746
☐ operate	171
☐ operation	208
☐ opportunity	593
☐ oppose	045
☐ opposite	581
☐ option	485
☐ ordinary	691
☐ organization	017
☐ organize	363
☐ originally	742
☐ otherwise	425
☐ out of control	628
☐ out of order	616
☐ overall	792
☐ overcome	587
☐ own	531
☐ oxygen	155

P

☐ participant	036
☐ participate in	034
☐ particular	780
☐ pass away	067
☐ passenger	027
☐ patient	189
☐ pay attention to	434
☐ pay back	791
☐ perform	382
☐ performance	249
☐ permission	437
☐ persuade A to do	479
☐ phenomenon	220
☐ physical	156
☐ pick out	464
☐ pick up	416
☐ play a role in	274
☐ pleasant	660
☐ point out	397
☐ poison	221
☐ poisonous	188
☐ policy	241
☐ politician	319
☐ pollute	194
☐ pollution	167
☐ popularity	070
☐ population	733
☐ position	250
☐ positive	394
☐ postpone	795
☐ practical	295
☐ predict	403
☐ prefer to do	399
☐ presentation	225

☐ sign up for	466	
☐ significant	798	
☐ similar	592	
☐ simply	790	
☐ sit up	646	
☐ site	235	
☐ skill	114	
☐ so far	729	
☐ soil	201	
☐ solution	117	
☐ solve	352	
☐ source	133	
☐ species	175	
☐ spill	515	
☐ spread	553	
☐ stand by	467	
☐ stand for	196	
☐ stand out	647	
☐ steady	621	
☐ stick to	428	
☐ stock	321	
☐ stop by	429	
☐ storm	222	
☐ strengthen	734	
☐ strict	576	
☐ structure	110	
☐ substance	157	
☐ successful	539	
☐ suffer from	554	
☐ suggest	348	
☐ summary	223	
☐ supply	256	
☐ surface	143	
☐ surgery	168	
☐ surprise	413	
☐ surrounding	322	

☐ survey	131
☐ survive	574

T

☐ take action	077
☐ take advantage of	068
☐ take after	603
☐ take off	087
☐ take over	269
☐ take part in	016
☐ take place	049
☐ target	286
☐ task	292
☐ technique	128
☐ temperature	694
☐ tend to do	590
☐ territory	328
☐ thanks to	560
☐ theory	160
☐ therefore	396
☐ thousands of	704
☐ threat	149
☐ thus	501
☐ timber	091
☐ to the point	470
☐ tourism	298
☐ trade	293
☐ tradition	082
☐ traditional	005
☐ traffic	004
☐ transfer	588
☐ translate A into B	061
☐ transport	284
☐ transportation	020
☐ treat	360
☐ treatment	177

☐ trend	620
☐ tribe	111
☐ try on	478
☐ turn A into B	179
☐ turn in	458
☐ turn out	604
☐ typical	063

U

☐ unfortunately	345
☐ unusual	559
☐ up to	732
☐ upset	395
☐ used to do	350
☐ V	
☐ vague	637
☐ valuable	557
☐ value	710
☐ various	681
☐ vary	762
☐ vehicle	021
☐ view	371
☐ vote	334

W

☐ warn A about B	507
☐ waste	226
☐ watch out	520
☐ wealthy	268
☐ whole	799
☐ with regard to	509
☐ witness	099
☐ work on	364
☐ work out	459
☐ would rather do	495

MEMO

MEMO

キクタン
英検2級
ワークブック

書名	キクタン英検®2級ワークブック
発行日	2020年4月9日（初版）

編著	一杉武史
編集	出版編集部
校正	Peter Branscombe、Margaret Stalker
アートディレクション	細山田光宣
デザイン	柏倉美地（細山田デザイン事務所）
イラスト	shimizu masashi（gaimgraphics）
ナレーション	Chris Koprowski、Julia Yermakov、木村史明
録音・編集	一般財団法人 英語教育協議会（ELEC）
DTP	株式会社秀文社
印刷・製本	萩原印刷株式会社
発行者	田中伸明
発行所	株式会社アルク

〒102-0073　東京都千代田区九段北4-2-6　市ヶ谷ビル
Website：https://www.alc.co.jp/